祖国在我心中

——国家版图教育

高中版

中国地图出版社 编著

中国地图出版社
北 京

图书在版编目（CIP）数据

祖国在我心中 ：国家版图教育 ：高中版 / 中国地图出版社编著 . -- 北京 ：中国地图出版社，2018.7
ISBN 978-7-5204-0609-3

Ⅰ. ①祖… Ⅱ. ①中… Ⅲ. ①爱国主义教育－高中－教学参考资料 Ⅳ. ① G631.4

中国版本图书馆 CIP 数据核字（2018）第 148232 号

主　　编　陈　平
副 主 编　徐根才　唐建军

编著人员　（按姓氏笔画排序）
王　玮　王　静　邓昊源　安昱瑄　朱兰婷　纪伟丽　吴秦杰　宋　成
沈万君　沈新荣　陆冬群　陈　平　陈　媛　周　涛　苗　菲　唐建军
徐根才　袁宏霞　谢　婷

ZUGUO ZAI WO XINZHONG——GUOJIA BANTU JIAOYU(GAOZHONG BAN)
祖国在我心中——国家版图教育（高中版）

出版发行	中国地图出版社	邮政编码	100054
社　　址	北京市西城区白纸坊西街3号	网　　址	www.sinomaps.com
电　　话	010-83543902　83910428	经　　销	新华书店
印　　刷	北京一鑫印务有限责任公司	印　　张	7.5
成品规格	184mm×260mm		
版　　次	2018年7月第1版	印　　次	2020年8月北京第2次印刷
定　　价	29.00元		

书　　号　ISBN 978-7-5204-0609-3
审 图 号　GS（2018）3431号
本书中国国界线系按照中国地图出版社1989年出版的1∶400万《中华人民共和国地形图》绘制

前言

国家版图是国家主权和领土完整的象征。国家版图意识教育是爱国主义教育的重要组成部分，对维护国家的安全和稳定、形成全社会正确使用中国地图的良好氛围、提升公民的爱国热情和民族自信心并自觉维护国家利益和民族尊严等，具有非常重要的意义。

近年来，国务院有关部门和各级人民政府认真贯彻落实《国务院办公厅转发测绘局等部门关于加强国家版图意识宣传教育和地图市场监管意见的通知》（国办发〔2005〕5号）精神，大力开展国家版图意识的宣传教育活动，不断加强对地图市场的监管，公民的国家版图意识不断增强。

然而，社会上传播的地图产品中错绘我国国界线，漏绘南海诸岛、钓鱼岛及其附属岛屿等重要岛屿，随意使用变形地图等现象仍时有发生。为进一步加强地图市场监管，杜绝“问题地图”，2017年，国家有关部门组织开展全覆盖排查整治“问题地图”专项行动，更加有效地在全社会推动了国家版图意识教育，培养和激发了广大青少年的爱国热情。

在青少年学生中开展国家版图意识教育是推进爱国主义教育的必然要求与现实选择，为此，我们组织编写了本套《祖国在我心中》国家版图教育读本。本书通过图文并茂的形式讲述国家版图知识，具有很强的科普性、实用性和可读性。希望本书的出版，能在增强青少年的国家版图意识、坚定爱国主义信念等方面发挥重要作用。

目录

图例

中国首都
外国首都
省级行政中心
一般城市
洲界
未定 国界
地区界
军事分界线、停火线
省级界
特别行政区界
河流
湖泊(咸、淡)
长城
火山　山峰
珊瑚礁
沙漠

第一章 祖国版图

第一节 国家与国家版图

国家有许多构成要素。从政治地理意义上看，拥有固定的领土是一个国家存在和发展不可缺少的基本要素之一。领土可以用地图或文字来表达，其中用来表达领土的地图就是国家版图，国家版图是国家主权和领土完整的象征。

国家

中国古代典籍把天子统治的地域称“天下”，诸侯统治的领地称“国”，卿大夫统治的采邑称“家”，合起来称为“国家”。国家是天下、邦国和家室的总称。16 世纪意大利政治思想家尼科洛·马基雅维里在《君主论》中第一次广泛地使用了“国家”一词，此后“国家”一词流行起来。

世界上早期的国家

国家指在独立主权政府领导下，占有一定领土的、拥有一定人口的政治区域，而且这个政府必须具有保持内部稳定、不受外来控制或干涉的能力。简单来说，国家就是由人民占有固定的领土，结合在一个具有独立主权的政府组织之下的地域政治实体。

政治地理意义上的国家必须具备四个要素。第一是要有定居的人民。人民是国家存在的根本。在现代国家中，人民是国家的主权者，是一个国家政治权力合法性的唯一来源。第二是要有确定的领土。领土是一个国家的象征，是国家存在的重要物质基础，是联系人民的纽带。第三是要有合法的政治权力即政府。政府是国家存在的标志，是国家在组织上的体现。第四是要有完整的主权。主权是一个国家独立自主地处理对内、对外事务的最高权力。

国家版图

国家版图表示一个国家行使主权的疆域，是国家主权和领土完整的象征。在我国春秋战国时期，“版”指登记户口和土地的簿册，“图”指地图，“版图”指当时的一种疆域户籍和地图。版图上不但记载了行政单位的范围和人员，还记载了奴隶主的封地和人口，相当于后世的行政区划地图。后来，版图一词逐渐成为国家领土的代名词。从这个意义上讲，国家版图就是一个国家的户籍，是这个国家在“地球村”中得以存在的凭证。

户籍证明书

国名　中华人民共和国

民族　五十六个民族

位置　东半球、北半球，亚欧大陆东部、太平洋西岸

中国在“地球村”的“户籍证明书”

地图是国家版图最常用、最主要的表现形式。地图可以形象直观地表示出国家的疆域范围和边界、各级行政区域、行政中心、主要城市等。一般情况下，人们所说的版图主要指表示国家疆域范围的地图。

◎国家版图的重要性

国家版图象征着国家主权尊严和领土完整，是国家主权的体现形式，体现了国家对管辖区域的政治性。国家版图在国际社会的交往中，反映了一个国家的政治和外交立场。因此，世界各国都十分重视本国疆域在地图上的正确表示。国家版图同国旗、国徽一样都是国家的象征，从这个意义上来讲，大力开展国家版图意识宣传教育活动，也是爱国主义教育的重要组成部分，公民的国家版图意识也体现了公民的基本素质。

2008 年 9 月全国国家版图意识宣传教育和地图市场监管工作会议在新疆召开

我国政府一直非常重视维护国家版图尊严，高度重视国家版图意识的宣传教育工作。只有了解国家版图的重要性，才能增强国家版图的意识，才能正确地使用国家版图，这有助于公民自觉维护国家主权和领土完整，保护国家利益和民族利益。

◎国家版图的变化方式

国家是历史的产物，不同历史时期的国家形态是不同的。国家形态或数目发生变化时，必然会引起某些国家的领土发生变化。领土的变化必然导致国家版图的改变。

根据国际法，国家版图的变化大致分为以下几种方式：先占、时效、割让、征服、添附、公民投票等。

（1）先占　先占亦称占领，但不是指战时的占领。先占有两个构成要件：一是占领的对象必须是“无主地”，二是占领的方式必须是“有效占领”。

知识小窗

黄岩岛主权属于中国

黄岩岛自古就是我国的领土，神圣不可侵犯。我国最早发现、命名黄岩岛，并对其实施主权管辖。早在13世纪和14世纪的我国元朝，历史文献已显示黄岩岛是我国领土的一部分。1935年以来，我国公开出版的地图、教科书中均标明黄岩岛为我国领土。另外，我国历届政府分别于1935年、1947年和1983年三次正式公布对此岛的命名或更换名称。

黄岩岛位置示意图

无主地只能是尚未为任何国家占领，或无人居住，或土著居民尚未形成部落的地方。这样的地方，目前世界上除了荒岛之外是不存在的。由于历史条件不同，有效占领的表现也各不相同。例如，2012年5月，世界纪录协会发布了两项与黄岩岛有关的世界纪录：中国是世界上最早发现黄岩岛的国家；中国政府是世界上最早对黄岩岛进行地理测量的政府。这两项世界纪录清楚地表明黄岩岛属于中国。

（2）时效　时效指占有他国的某块土地后，在相当长时期内不受干扰地占有而取得该土地的主权。传统国际法中借用了民法中的取得时效概念，时效的适用历来争议很大，现在基本没有普遍适用意义。

（3）割让　割让指一国根据条约把部分领土主权转移给另一个国家。19世纪以前，割让有赠予、出卖等形式。20世纪以后，大部分割让是由于战争后的和约和不平等条约造成的。从现代国际法的观点来看，由战争或不平等条约造成的割让都是违反国际法的。

（4）征服　征服指战争结束后战胜国把战败国灭亡而兼并其领土的行为。征服不能与战时占领或

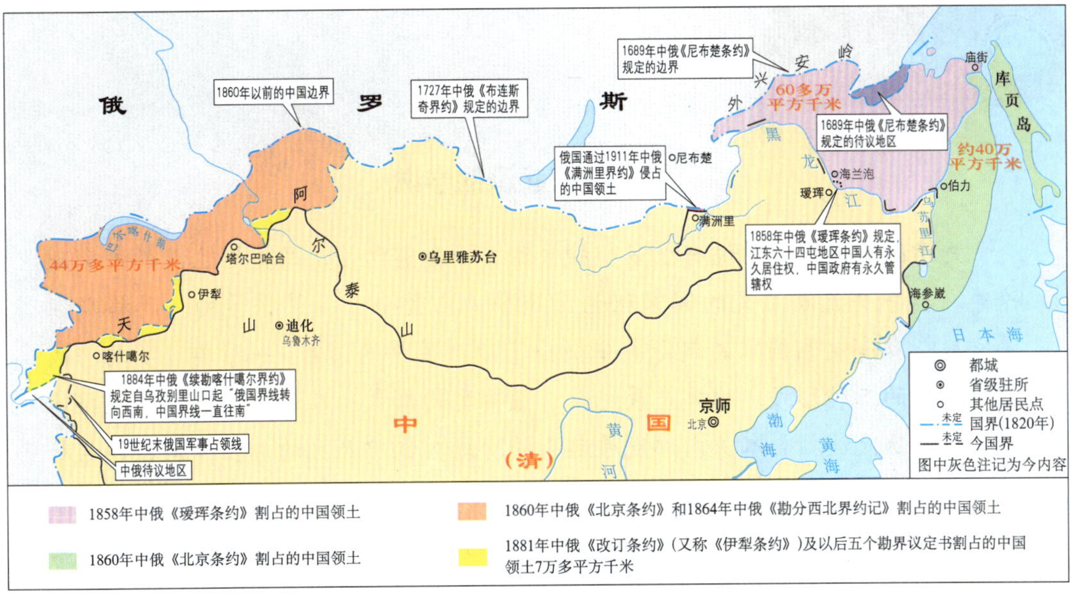

19 世纪 60 年代前后俄国割占中国领土示意图

兼并混为一谈。侵略战争是非法的，以征服和灭亡去取得他国的领土是侵犯他国国家主权和领土完整的行为。因此，以征服而取得被征服者的领土主权，是国际法所不允许的。

（5）添附 添附指领土因自然状态的变化或人工力量而增添的新部分，既包括河口三角洲、涨滩等自然添附，也包括围海造田等人工添附。人工添附不能损害他国利益。添附历来被认为是国际法中一项合法获取领土的方式。

（6）公民投票 公民投票（又称全民公决，简称“公投”）指公民就被提议之事案，表明赞成与否时所举行的投票。公投是一种民主制的直接体现。公投中的“主权变更公投”涉及土地或领土的割让、分离、并合或归属。

2013 年 3 月 21 日，英国苏格兰政府宣布，苏格兰于 2014 年 9 月 18 日举行独立公投，以决定苏格兰是否脱离英国独立。9 月 19 日，苏格兰独立公投计票结果公布，55.8% 的选民对独立说“不”。

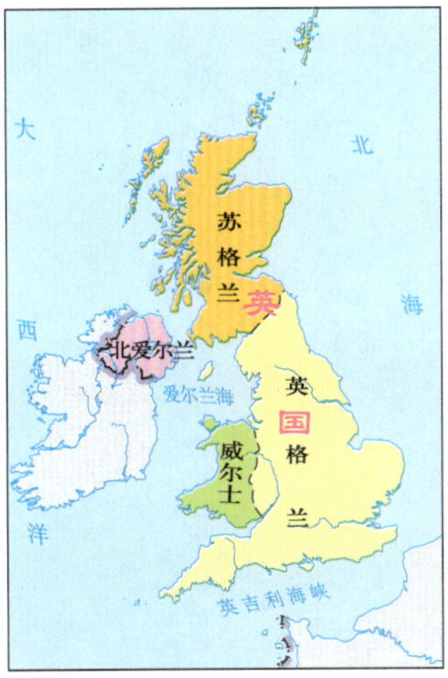

英国简图

拓展延伸

关于国家起源的学说

关于国家起源的学说有很多，神权论、社会契约论、马克思主义的国家理论等。其中马克思主义的国家理论是迄今为止最全面、最科学的。恩格斯在《家庭、私有制和国家的起源》中提出了欧洲最早的国家——雅典、罗马、德意志产生的三种形式。雅典是最纯粹、最典型的形式：在这里，国家是直接地和主要地从氏族社会本身内部发展起来的阶级对立中产生的。在罗马，氏族社会变成了闭关自守的贵族制，它的四周则是人数众多的、站在这一社会之外的、没有权利只有义务的平民；平民的胜利炸毁了旧的血族制度，并在它的废墟上面建立了国家，而氏族贵族和平民不久便完全溶化在国家中了。最后，在战胜了罗马帝国的德意志人中间，国家是作为征服外国广大领土的直接结果而产生的。

恩格斯分析了国家的起源、发展和消亡的规律，指出："国家是社会在一定发展阶段上的产物；国家是承认：这个社会陷入了不可解决的自我矛盾，分裂为不可调和的对立面而又无力摆脱这些对立面。而为了使这些对立面，这些经济利益互相冲突的阶级，不致在无谓的斗争中把自己和社会消灭，就需要有一种表面上凌驾于社会之上的力量，这种力量应当缓和冲突，把冲突保持在'秩序'的范围以内；这种从社会中产生但又自居于社会之上并且日益同社会相异化的力量，就是国家。"阶级社会中的国家是最强大的、在经济上占统治地位的阶级的国家，这个阶级借助于国家而在政治上也成为占统治地位的阶级，因而获得了镇压和剥削被压迫阶级的新手段。

第二节　认识祖国版图

祖国版图是祖国人民行使主权的领土，具有严肃的政治性。完整的祖国版图是国家主权和领土完整的象征，但是在一些场合，祖国版图的形象遭到歪曲和破坏。为了进一步增强全民国家版图意识，营造自觉维护国家版图尊严的社会氛围，有必要学习和了解祖国的版图。

祖国版图概况

我们祖国版图的陆地部分常被人们比喻为头朝东、尾朝西的昂首挺立的雄鸡。从地图上看，我国是个海陆兼备、幅员辽阔的国家。它位于北半球、东半球，处在世界上最大的大陆——亚欧大陆的东部，东临世界上最大的大洋——太平洋，地理位置十分优越。

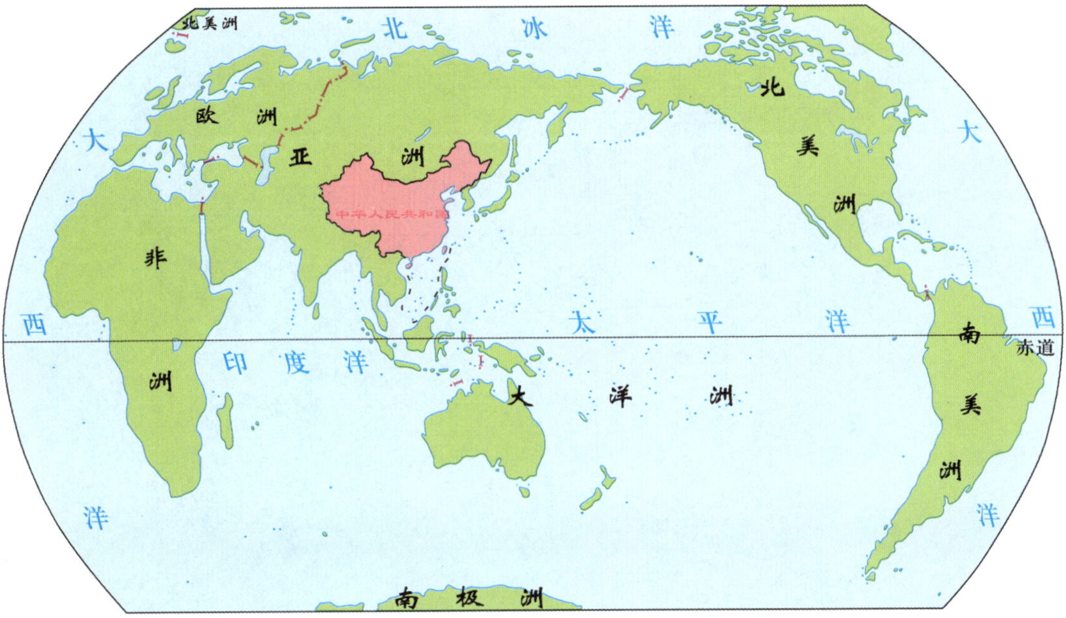

中国在世界上的地理位置

我国的完整版图由祖国大陆、沿海岛屿及其濒临的海域组成。我国濒临的海域中面积在 500 平方米以上的岛屿有 7300 多个，其中位于台湾岛东北海面上的钓鱼岛、赤尾屿是祖国最东端的岛屿；散布在南海上的岛、礁、沙、滩总称“南海诸岛”，它是祖国南部的岛屿群，依照其地理位置分为东沙群岛、西沙群岛、中沙群岛和南沙群岛。

我国的陆地领土面积约 960 万平方千米，占地球陆地面积的 1/15。在世界各国中面积仅次于俄罗斯和加拿大，居世界第三位。我国陆上边界长约 2.2 万千米，大陆的海岸线长约 1.8 万千米。

中国疆域图

我国陆地濒临的海域有渤海（内海）、黄海、东海、南海和台湾岛以东的太平洋等辽阔的水域。根据《联合国海洋法公约》的规定，我国主张管辖的海域面积约为 300 万平方千米。

我国幅员辽阔，南北跨度很大，南北两端最大距离约 5500 千米，这使我国南方和北方获得的太阳光热有明显的差异，并形成冷暖不同的气候。冬季，当祖国北方大地千里冰封、万里雪飘的时候，南方依然温暖如春。我国疆域的东西跨度也很大，东西两端最大距离约 5200 千米，东西时差达 4 个多小时。当金色的阳光洒满祖国东部的乌苏里江，早起的渔民已经外出捕鱼时，西部的帕米尔高原还是满天星斗，劳累了一天的牧民仍在酣睡之中。

1 月的东北

1 月的南方

西部的夜空（北京时间早上 8 点）

东部的早上（北京时间早上 8 点）

祖国版图的确定

相邻两国的海上国界和陆上国界是以双边条约的方式确定的。海上国界通常由沿岸国之间通过大陆架划分、签订边界协定等方式加以规定。通过海上国界和陆上国界的垂直面，构成该国的领空和地下界限。陆上国界上竖立着界标，标示国界的界标有界桩和界塔等。国界由相邻国共同负责维护，具有不可侵犯的性质。

界桩

关于国家版图疆界的确定，国际上通行的一个基本原则是，以最近期的国际边界条约为准，在此之前的所有边界条约一律服从最近期的边界条约。一个国家现有的版图疆界，不论其历史来源公平与否，一律以最近期的国际条约和国际承认为准，其他的领土主权认定都是无效的。

我国的版图是中华儿女历经几千年的民族交融共同缔造的。中华人民共和国成立后，我国与邻国多次进行边界谈判，先后与 12 个邻国成功地解决了边界的历史遗留问题，由传统的习惯边界线调整为条约附图边界线，如 1960 年签订的中缅边界条约、1962 年签订的中朝边界条约等。经过多年的努力，我国版图基本得到确定，但仍存在几个具有领土争议的地区。为解决存在的争议，我国仍需要与相关邻国进行谈判协商。

国家版图具有非常强的政治性，代表国家的尊严和主权，神圣不可侵犯。所以对国家版图的完整表示至关重要。目前用地图完整表示我国版图的形式主要有两种，其中把南海诸岛作为附图表示的中国版图是最常见的形式。认识完整的国家版图，关心国家版图，自觉维护国家版图尊严，是每一位公民的义务和责任。

把中国疆域作为一个整体表示的中国版图

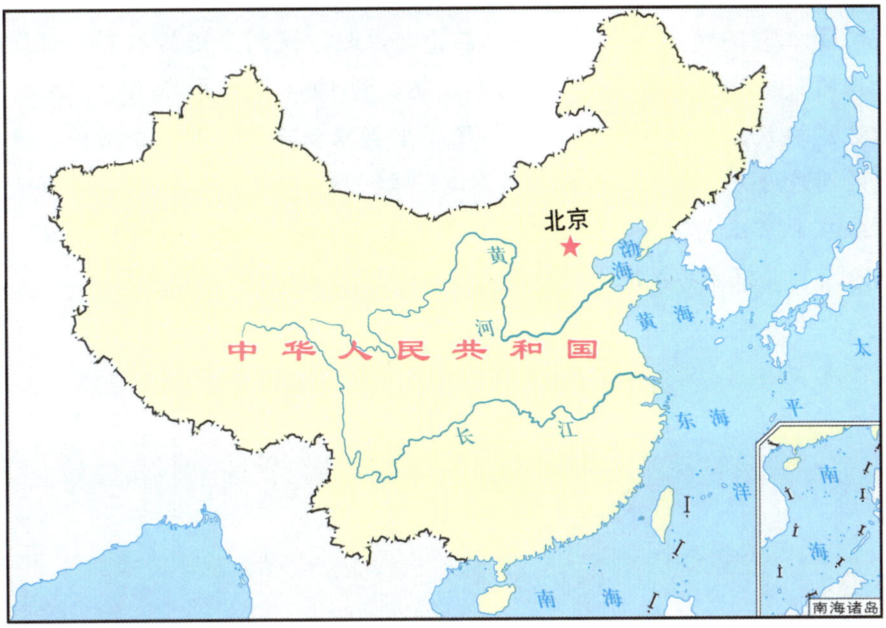

把南海诸岛作为附图表示的中国版图

拓展延伸

历史上中英关于香港问题的谈判

中英关于香港问题的谈判分两个阶段。第一阶段从撒切尔夫人访华至1983年6月。这一阶段双方主要就原则和程序问题进行会谈。第二阶段从1983年7月至1984年9月，两国政府代表团就具体实质性问题进行了22轮会谈。在前四轮会谈中，由于英方始终坚持1997年后英国继续管治香港，致使谈判陷入僵局。在这种情况下，希思于1983年9月第七次来华。9月10日，邓小平会见希思，向希思明确指出："英国政府想用主权来换治权是行不通的。在香港问题上，我希望撒切尔首相和她的政府采取明智的态度。中国1997年收回香港的政策不会受任何干扰、有任何改变，否则我们就交不了账。我们和英国朋友说，我不解决这个问题，我就是李鸿章。谁不解决这个问题，都是李鸿章。"邓小平希望今后会谈时不要再纠缠主权换治权问题，要扎扎实实地商量香港以后怎么办，过渡时期怎么办。这对彼此最有益处。第五、第六轮会谈中，英方确认不再坚持英国管治，也不谋求任何形式的共管，并理解中国的计划是建立在1997年后整个香港的主权和管治权应该归还中国这一前提的基础上。至此，中英会谈的主要障碍开始排除。

此后，从1984年4月中旬第十二轮会谈起，谈判主题转入第二议程即过渡时期的安排及有关政权交接的基本设想。到1984年9月18日，双方就全部问题达成协议，并于9月26日草签了《中英联合声明》和三个附件。至此，中英两国政府关于香港问题的谈判圆满结束。1984年12月19日，中英两国政府首脑在北京正式签署了关于香港问题的联合声明。1985年5月27日，中英两国政府在北京互换批准书，中英联合声明正式生效。

第三节 祖国版图的变迁

自古以来，我国的历史演变就交织着融合与冲突。自夏朝以来，华夏族以居中原之势不断吸收同化周边各国和各民族。秦朝建立后，专制主义中央集权制的国家形态开始形成，既为日后我国形成多民族的统一集权国家奠定了基石，也逐渐形成了一种由我国中心区域向四周扩张的趋势和过程。在这个过程中，形成了历朝历代的疆域，并奠定了我国现代版图的基础。因此，我们的祖国今天有着如此广袤的土地和辽阔的疆域，都是历史上以华夏族为核心的中华各民族共同奋斗的结果，这份基业是我国历史上各时期版图不断变迁的最终定型。

古代版图变迁

秦始皇

在秦朝以前，以华夏族为主的中原地区民族经过长期融合，陆续建立夏、商、周三代国家政权，对黄河流域到长江流域的广阔领土进行了有效统治。

公元前 221 年，秦始皇统一六国，第一次建立了统一的多民族中央集权王朝，定都咸阳（今陕西咸阳东北）。秦朝建立后，以黄河、长江流域中下游地区为中心，不断巩固、

秦朝形势

扩展疆域，最终形成了北至长城、东到东海、西到陇西、南达南海的疆域。

西汉疆域比秦朝有所扩展，最显著的变化是把西域纳入了中央王朝的版图。西汉王朝直接统辖的疆域已经扩展到中亚的巴尔喀什湖和帕米尔高原以西地区。同时西汉势力进入朝鲜半岛，将其半数面积纳入版图。

汉武帝

汉武帝在位时期，沟通西域，为统一多民族国家的发展作出巨大贡献。

西汉形势

汉朝以后的三国、两晋、南北朝时期，是我国历史上长期分裂与民族大融合的时期。北方的匈奴、鲜卑等民族不断内迁，进入黄河流域，这些民族为中华民族注入了新的血液。公元 6 世纪，隋朝统一南北。唐朝前期，中央王朝先后降服东、西突厥，并设立安西都护府和北庭都护府。唐朝统治者实行较为开明的民族政策，加深了民族融合。唐朝前期的疆域十分广大，东到东海，西达咸海，南及越南中部，北至西伯利亚，超过了西汉鼎盛时期的疆域。

公元 907 年唐朝灭亡后，我国经历了五代十国分裂时期和辽、宋、西夏、金等多个民族政权并立的时期。

唐朝形势

唐太宗

唐太宗开创了“贞观之治”，朱元璋对其评价道：“惟唐太宗皇帝英姿盖世，武定四方，贞观之治，式昭文德。有君天下之德而安万世之功者也。”

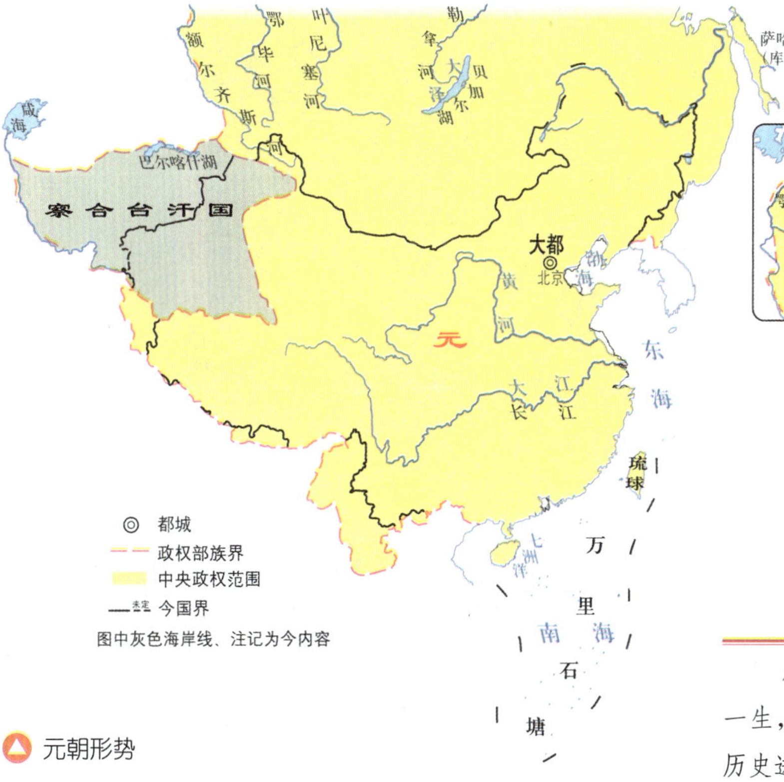

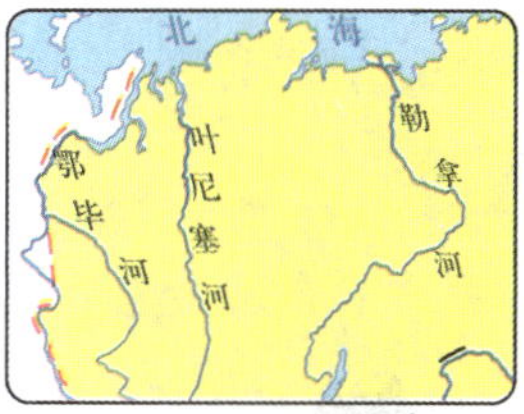

元朝形势

成吉思汗

成吉思汗统一蒙古，征战一生，影响了整个亚欧大陆的历史进程，欧美人评价他是“旧世界大陆版图的制定人”。

公元 1279 年，蒙古族建立的元朝结束了自五代以来长达数百年的分裂局面，成为继秦、汉、隋、唐以后我国封建时代的又一个疆域空前辽阔的大帝国。史书上形容元朝的疆域“汉唐极盛之际不及焉”，其东、东南、东北方向到海，西到新疆以西，南达南海，西南包括西藏、云南，北面包括西伯利亚大部。

公元1368年，明朝建立。与元朝相比，明朝疆域有所缩减，但值得一提的是，明朝比较注重对海域的经营，对南海诸岛实行了有效的管理。其疆域东、南到海，并包括南海诸岛，北至内蒙古北部，东北达外兴安岭，西北至新疆哈密，西南则包括西藏、云南。

明朝形势

明太祖

毛泽东对朱元璋卓越的军事才能给予过很高的评价，曾说：“自古能军无出李世民之右者，其次则朱元璋耳。”

清朝形势

康熙帝

康熙帝在位60年，经济逐渐恢复，清朝成为当时世界上幅员最辽阔、人口众多、经济最富庶的国家。

清朝前期，清政府同各种分裂叛乱分子、觊觎我国领土的外来入侵者进行了坚决斗争，先后平定了三藩叛乱，稳定了西南地区秩序；打败了郑氏家族，把台湾重新纳入了中央政府管辖之下；打败了入侵我国东北的沙俄军队，划定中俄边界；确立了中央政府册封西藏喇嘛教首领达赖和班禅的制度，设置了驻藏大臣；打败了噶尔丹，将漠北蒙古地区收归版图，粉碎了新疆大、小和卓的叛乱，维护了多民族统一国家版图的完整。

清朝前期的疆域从东到西横亘千山万水，从南到北纵贯万里：西跨葱岭，西北到达巴尔喀什湖，北接西伯利亚，东北至黑龙江以北的外兴安岭和库页岛，东濒太平洋，东南到台湾及其附属岛屿钓鱼岛、赤尾屿，南抵南沙群岛的曾母暗沙，成为当时亚洲面积最大的国家，也奠定了今天中国版图的基础。

近现代版图变迁

◎国土沦丧

19 世纪中叶以来，随着外国列强的侵入，清政府一次次割地赔款，中国领土被列强一步步瓜分蚕食，版图发生了巨大变化。

18 世纪末期，清朝政治腐败、官吏昏庸、军备废弛、财政危机的现象日益明显，国势开始衰落。此时，欧洲各国和美国等西方国家却通过资产阶级革命和工业革命迅速崛起，凭借坚船利炮，加速了殖民主义扩张。

1840 年，英国发动侵略中国的鸦片战争。清政府在鸦片战争中战败，英国侵略者强迫清政府于 1842 年在南京签订了中国近代第一个不平等条约——

帝国主义列强割占中国领土示意图

中英《南京条约》，我国开始从封建社会沦为半殖民地半封建社会。

《南京条约》规定割香港岛给英国，这严重损害了我国国家主权与领土完整，中国大一统的版图就这样被英国撕开了第一道裂口。鸦片战争后，各国侵略者接踵而来。由于清政府的腐败和懦弱，加上敌我力量悬殊，中国多次战败，屈辱议和，签订割地赔款的不平等条约。清政府已经无力保全国家版图的完整，只能靠割让领土来满足外国侵略者的野心，苟延残喘地维持朝廷的统治。

英国占领香港岛后，又在1860年通过中英《北京条约》割占九龙司地方一区，1898年通过《展拓香港界址专条》强行租借九龙半岛深圳河以南的其余大片土地以及附近200多个岛屿的中国领土。1553年至1887年，葡萄牙逐步割占澳门。第二次鸦片战争后，沙俄通过《瑷珲条约》《北京条约》等割占我国东北、西北大片领土，总面积约达到150万平方千米。甲午中日战争后，日本通过《马关条约》割占台湾全岛及所有附属各岛屿、澎湖列岛。

帝国主义列强还在我国许多地方设置“租界”和“租借地”，使其成为“国中之国”，把它们当作侵略我国的根据地，并在我国划分各国势力范围，掀起瓜分中国的狂潮。我国大片领土被鲸吞，疆域不断萎缩。

时局图

◎收复失地

中国人民不甘屈服于帝国主义的统治，为了国家的独立、主权和领土完整，进行了前仆后继的英勇斗争。1912年1月1日，孙中山在南京宣告中华民国正式成立。中华民国南京临时政府成立后，颁布了《中华民国临时约法》，其中第一章第三条规定了中华民国领土为22行省、内外蒙古、西藏、青海。

1945年，我国人民经过14年浴血奋战，终于取得了抗日战争的伟大胜利。

抗日战争胜利后，根据《开罗宣言》和《波茨坦公告》，被日本侵占50年的台湾省回到祖国的怀抱。我国政府还陆续收回了曾被俄国、日本占领的旅顺口、大连湾地区，原法租界广州湾地区，各城市租借地，以及抗战期间被日本割占的南海诸岛。

1997年7月1日和1999年12月20日，我国分别对香港、澳门恢复行使主权，分别设立香港特别行政区和澳门特别行政区。

拓展延伸

《开罗宣言》

1943年11月22日至26日，中国、美国和英国三国政府首脑在埃及首都开罗举行会议，签署了《开罗宣言》，并于12月1日公布。以下为《开罗宣言》全文。

罗斯福总统、蒋委员长、丘吉尔首相偕同各该国军事与外交顾问人员，在北非举行会议，业已完毕，兹发表概括之声明如下：

三国军事方面人员关于今后对日作战计划，已获得一致意见，我三大盟国决心以不松弛之压力从海陆空各方面加诸残暴之敌人，此项压力已经在增长之中。

我三大盟国此次进行战争之目的，在于制止及惩罚日本之侵略，三国决不为自己图利，亦无拓展领土之意思。

三国之宗旨，在剥夺日本自从一九一四年第一次世界大战开始后在太平洋上所夺得或占领之一切岛屿；在使日本所窃取于中国之领土，例如东北四省、台湾、澎湖群岛等，归还中华民国；其他日本以武力或贪欲所攫取之土地，亦务将日本驱逐出境；我三大盟国稔知朝鲜人民所受之奴隶待遇，决定在相当时期，使朝鲜自由与独立。

根据以上所认定之各项目标，并与其他对日作战之联合国目标相一致，我三大盟国将坚忍进行其重大而长期之战争，以获得日本之无条件投降。

第四节　祖国版图的空间构成

任何国家必须有一定的领土。领土指处于国家主权管辖下的地球表面特定部分，包括国家主权管辖下的一切陆地、水域及其底土和上空，由领陆、领水和领空三部分组成。领土主权和领土完整是国家独立的重要标志，国家对其领土拥有绝对的管辖权。因此，维护祖国的领土完整，是每个中国人义不容辞的责任。

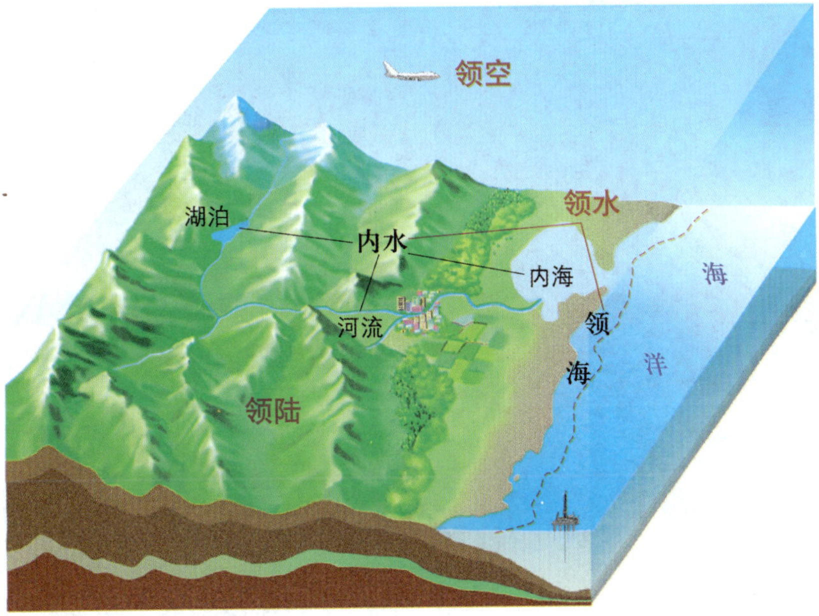

领土空间结构示意图

祖国领陆

领陆指国家主权管辖下的陆地及其底土，是国家领土组成的基本部分。领水依附于领陆，领空又依附于领陆和领水。如果领陆发生变动，则领水和领空亦将随之变动。世界上没有无领陆的国家。

我国的领陆包括我国大陆、台湾岛、海南岛、海南诸岛、钓鱼岛及其附属岛屿等沿海群岛和岛屿，以及其他属于我国的岛屿。我国陆地领土总面积约960万平方千米。

我国的陆地地域辽阔，地形多种多样，既有广阔的平原和低缓的丘陵，也有雄伟的高原和起伏的山地，还有中间低、四周高的盆地。我国平原面积小，山地、丘陵、高原面积大，是一个多山的国家。

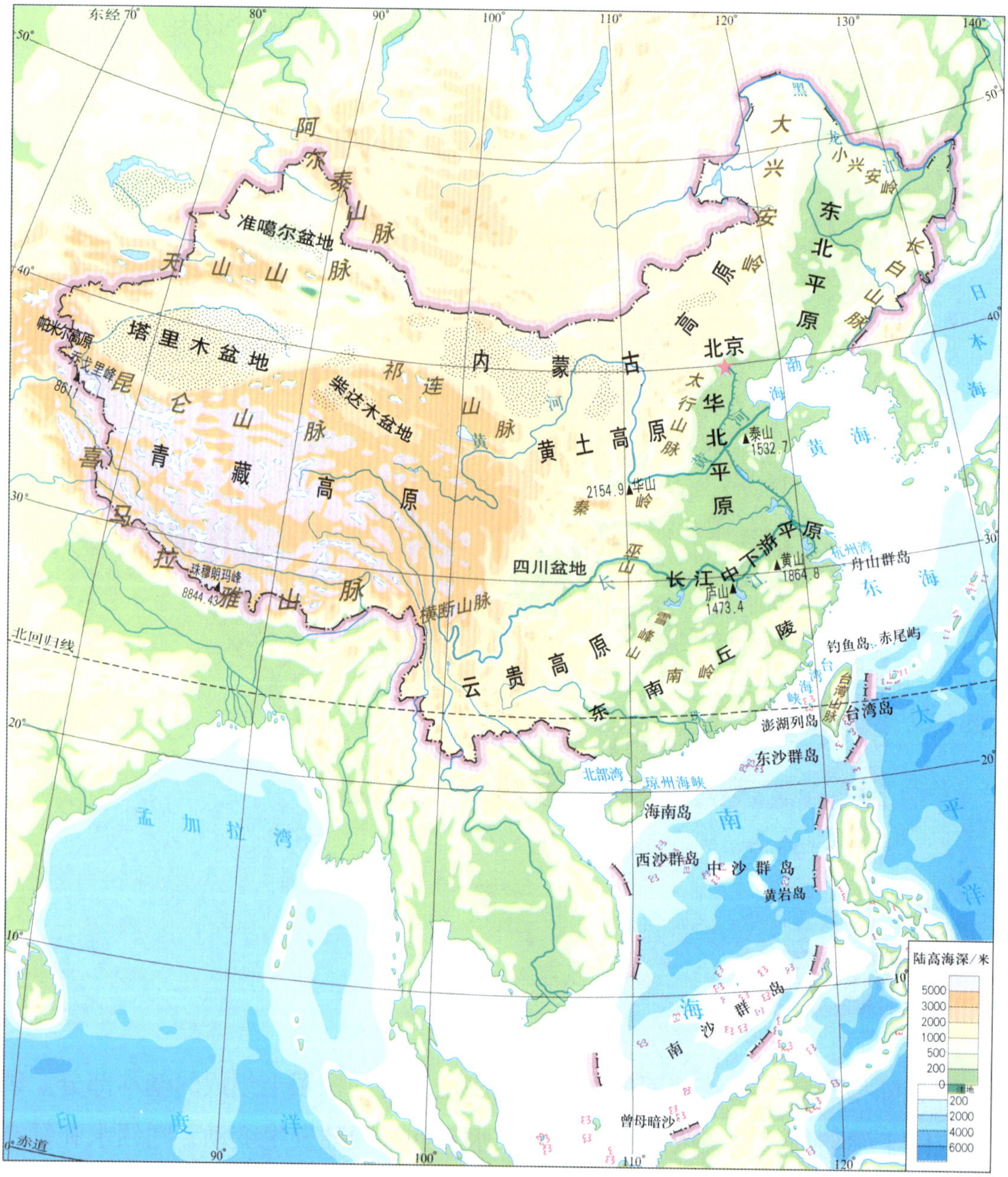

中国地形图

坦荡无垠的高原

低缓的丘陵梯田

四周高中间低的盆地

崎岖不平的山地

一望无际的平原

我国的山地面积约占全国陆地面积的 1/3。如果把山地、丘陵和比较崎岖的高原统称为山区，我国山区的面积约占到了全国陆地面积的 2/3。平原面积仅占 1/10 多一点。

我国地势西高东低，呈三级阶梯状分布。第一级阶梯是号称“世界屋脊”的青藏高原，平均海拔在 4000 米以上，其边缘是昆仑山脉、祁连山脉、横断山脉和喜马拉雅山脉等高大山脉。喜马拉雅山脉有世界第一高峰——珠穆朗玛峰，峰顶岩石面海拔 8844.43 米。

从第一级阶梯外缘向北是由高大山脉环抱的塔里木盆地和准噶尔盆地，向东是内蒙古高原、黄土高原、四川盆地和云贵高原，这是我国地势的第二级阶梯，海拔为 1000 ~ 2000 米。其东部边缘是大兴安岭、太行山脉、巫山、雪峰山等山脉。

从第二级阶梯外缘向东，海拔多在 500 米以下，是我国地势的第三级阶梯，分布有东北平原、华北平原、长江中下游平原和东南丘陵。从第三级阶梯继续往东，自然延伸到海洋中、水深不超过 200 米的部分是大陆架。

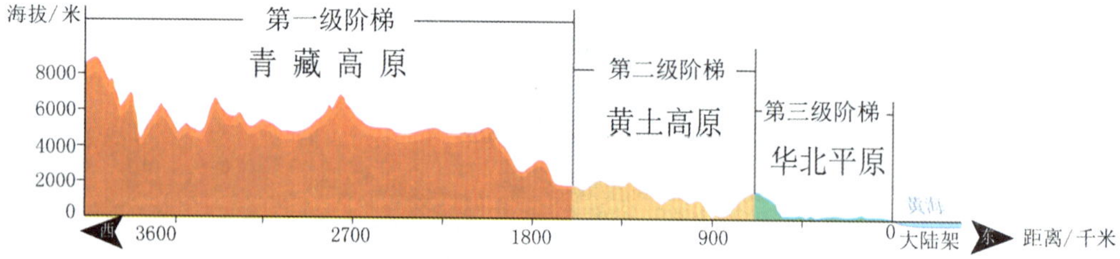

沿北纬 36°我国地形剖面示意图

除大陆外，沿海岛屿也是我国领陆的重要组成部分。我国有大小岛屿数千个，总面积约 8 万平方千米，占全国陆地面积的 0.8%。台湾岛是我国第一大岛，面积超过 3.5 万平方千米。海南岛是我国第二大岛，面积超过 3.3 万平方千米。其他岛屿面积较小，大部分岛屿分布在杭州湾以南的大陆沿岸和南海中。南海中的岛屿绝大多数是珊瑚礁。

祖国领水

领水指国家主权管辖下的全部水域及其底土，是国家领土中的重要组成部分。领水分为内水和领海两部分。

◎内水

内水指一国领陆范围以内的河流、湖泊和领海基线向陆一面的内海、海湾、海港和海峡内的水域。内水是沿岸国家领土的组成部分，沿岸国家对内水享有与对领陆同样的主权，非经许可，他国的船只不得驶入。分隔两个国家的界河，其分界线两侧的水域是分属界河沿岸国家的内水。位于两个或两个以上国家之间的界湖也分属于沿岸国家的内水。

我国内水长江

中国的河流与湖泊

我国河流众多，主要大河有长江、黄河、珠江、雅鲁藏布江等。黑龙江、乌苏里江是我国与俄罗斯的界河，鸭绿江是我国与朝鲜的界河。我国湖泊面积共8万多平方千米。兴凯湖是我国与俄罗斯的界湖。渤海和琼州海峡是我国的内海，也属于内水范畴。

中朝边界鸭绿江

海湾是明显的水曲，其凹入程度和曲口宽度的比例，使其有被陆地环抱的水域，而不仅为海岸的弯曲；海湾以水曲天然入口宽度为直径，向海岸画一半圆形，如果这个半圆形面积小于或等于水曲的面积，则该水曲被视为海湾。如果海湾天然入口两端低潮线之间的距离不超过24海里，则可在这两低潮标之间画一条封口线，该线所包围的水域可视为内水。这种海湾也叫领湾。我国沿海就有100多个领湾。

◎领海

领海指邻接一国陆地及其内水，并处于该国主权管辖之下的一定宽度的海域。领海也是沿海国领土的一部分，属于沿海国的主权范围。同内水一样，其他国家的船只未经许可不允许驶入。

知识小窗

中华人民共和国政府关于领海的声明（节选）

（1958年9月4日）

一切外国飞机和军用船舶，未经中华人民共和国政府的许可，不得进入中国的领海和领海上空。任何外国船舶在中国领海航行，必须遵守中华人民共和国政府的有关法令。

台湾和澎湖地区现在仍然被美国武力侵占，这是侵犯中华人民共和国领土完整的和主权的非法行为。台湾和澎湖等地尚待收复，中华人民共和国政府有权采取一切适当的方法在适当的时候，收复这些地区，这是中国的内政，不容外国干涉。

领海是国家领土的重要组成部分。一个国家在其领海可以行使主权，在其管辖海域内可以行使国际法所规定的其他权利，如勘探和开发海洋中各种自然资源的权利。海洋中许多岛屿周围都有丰富的生物、矿产等资源，还有一些岛屿凭借其独特的地理位置而成为战略要地。因此，围绕岛屿的归属权，海上邻国之间经常产生争议。除了岛屿的归属权外，海上邻国之间对可以管辖的海域范围也有争议。

海上石油开采

我国既是幅员辽阔的陆地国家，也是拥有广袤海域的海洋国家。我国近海包括渤海（内海）、黄海、东海、南海和台湾岛以东的太平洋的一部分。渤海、黄海、东海、南海连成一片，呈弧形环绕在我国大陆的东面和东南面。这其中包括了内海、领海、毗连区、专属经济区和大陆架。

我国于 1958 年 9 月 4 日发表关于领海的声明，宣布中国的领海宽度为 12 海里，该规定适用于中国的一切领土，包括中国大陆及其沿海岛屿，和同大陆及其沿海岛屿隔有公海的台湾及其周围各岛、澎湖列岛、东沙群岛、西沙群岛、中沙群岛、南沙群岛以及其他属于中国的岛屿。1992 年，我国政府颁布了《中华人民共和国领海及毗连区法》，1998 年颁布了《中华人民共和国专属经济区和大陆架法》。

1982 年，联合国第三次海洋法会议通过的《联合国海洋法公约》把 12 海里规定为领海宽度的最大限制。但目前世界各国领海宽度有 3 海里、12 海里、200 海里等多种类别。

我国沿海有许多优良的港湾和港口。主要海湾有辽东湾、渤海湾、胶州湾、海州湾、杭州湾、北部湾等。主要港口有大连、天津、青岛、上海、厦门、基隆、高雄、香港等。我国主要海峡有渤海海峡、台湾海峡和琼州海峡。

海洋是天然宝库。我国的海洋资源非常丰富，其中，海洋生物有 20 000 多种，海洋鱼类有 3000 多种；海洋石油资源储量约 240 亿吨，天然气资源储量约 14 万亿立方米；海洋可再生能源理论蕴藏量 6.3 亿千瓦。

我国近海及其主要海洋资源

我国的海洋鱼类品种丰富，其中深受人们喜爱的大黄鱼、小黄鱼、带鱼等产量较高。我国近海渔场面积约占世界浅海渔场的 1/4，居世界第一位。浙江省的舟山渔场是我国最大的渔场。

美丽的海洋生物

如果把我国海水中的盐全部提取出来，可供我国人民食用 10 万年。我国海盐的年产量有 2000 多万吨，居世界第一位。在我国海底还有储量丰富的石油、天然气等矿产资源，其中在东海、南海的储量较大。目前，我国已在渤海、东海、南海等海域开采油气。据科学家初步估计，南海海域的石油地质储量大约占我国石油资源总储量的 1/3。

祖国领空

我国的领空指我国领陆和领水的上空，是我国领土的组成部分，我国对其拥有完全和独享的主权。

按照我国的领空管制规定，在中华人民共和国领空的所有飞行必须先提出申请，经批准后方可实施。外国航空器飞入或者飞出我国，或者在我国境内飞行、停留，必须按照我国的有关规定获得批准。未经批准擅自飞入或者飞出我国领空的外国民用航空器，我国有关部门有权采取必要措施，令其在指定的机场降落；严重的，可以采取必要措施，直至迫使其在指定机场降落。

我国陆上领空

拓展延伸

关于维护我国国家主权的报道

（1）2017 年 5 月 28 日

记者：据美国媒体报道，中方两架歼 –10 战机于 5 月 25 日在香港东南 240 千米空域对美空军一架 P–3 巡逻机进行拦截，最近距离约 180 米，请予证实。中国国防部对此有何评论？

国防部新闻发言人：美方有关说法与事实不符。5 月 25 日，美军一架巡逻机在中国香港东南空域实施侦察活动，中国军机依法依规对其进行识别查证，有关操作是专业、安全的。

近一段时间以来，美军数次派出舰机抵我当面海空域活动，侵害我主权安全，危及双方一线人员生命安全。这种行为是造成中美海空军事安全问题的根源。我们再次要求美方采取切实措施加以改正，避免类似事件再次发生。中国军队将坚决履职尽责，坚定捍卫国家主权和安全。

（2）2017 年 6 月 9 日

记者：据美国太平洋司令部官网发布消息称，美国空军两架 B–1B 战略轰炸机，8 日飞越南海，并与在南海活动的美海军“斯特雷特”号导弹驱逐舰开展联合演练。请问对此有何评论？

国防部新闻发言人：中方对有关国家在南海的军事活动始终保持着警惕和有效监控。中国军队将坚决维护国家主权安全和地区和平稳定。

第二章 祖国陆地边界

第一节 祖国的边界概况

我国陆地边界东起中朝边界的鸭绿江口，经过黑龙江、阿尔泰山、帕米尔高原、喜马拉雅山、高黎贡山到中越边界的北仑河口，总长度约 2.2 万千米，是世界上陆地边界最长的国家之一。我国有 14 个陆上邻国，是世界上邻国最多的国家之一。

我国的陆地边界情况十分复杂。中华人民共和国成立后，我国围绕着边界历史遗留问题进行了大量的调查研究工作，为建设和谐友好的边界氛围展开了多次边界谈判。

知识小窗

我国部分边界问题的解决历程

中华人民共和国成立以来，根据和平共处五项原则及其他的一系列方针，在 20 世纪 60 年代，中国先后与缅甸（1960 年 10 月）、尼泊尔（1961 年 10 月）、朝鲜（1962 年 10 月）、蒙古（1962 年 12 月）、巴基斯坦（1963 年 3 月）、阿富汗（1963 年 11 月）等国相继签署了边界条约。20 世纪 90 年代至今，中国又先后与俄罗斯（1991 年 5 月中国与苏联签署了《中苏国界东段协定》；1994 年 9 月与俄罗斯签署了《中俄国界西段协定》）、老挝（1991 年 10 月）、哈萨克斯坦（1994 年 4 月）、越南（1999 年 12 日签订边界条约；2009 年 11 月签订补充协定）、塔吉克斯坦（2002 年）等国解决了边界问题。

祖国陆地边界的谈判

1949 年中华人民共和国成立后，中国政府承接了中华民国时期的边界。为保持边界地区的稳定，国务院曾多次对地图出版部门作出指示：在未经谈判划定边界前，暂按 1949 年前边界画法，边定边改；同时，要求外事部门组织力量在条件可能的情况下，着力解决边界的历史遗留问题。

60 多年来，中国政府围绕边界历史遗留问题进行了大量的调查研究工作，为建设和谐友好的边界氛围展开了多次边界谈判。中俄经历多次谈判，最终彻底解决所有历史遗留的边界问题。中越两国经过多年的艰辛努力，中越边界清晰地展现在世人面前，实现了互利共赢的边界解决结果。

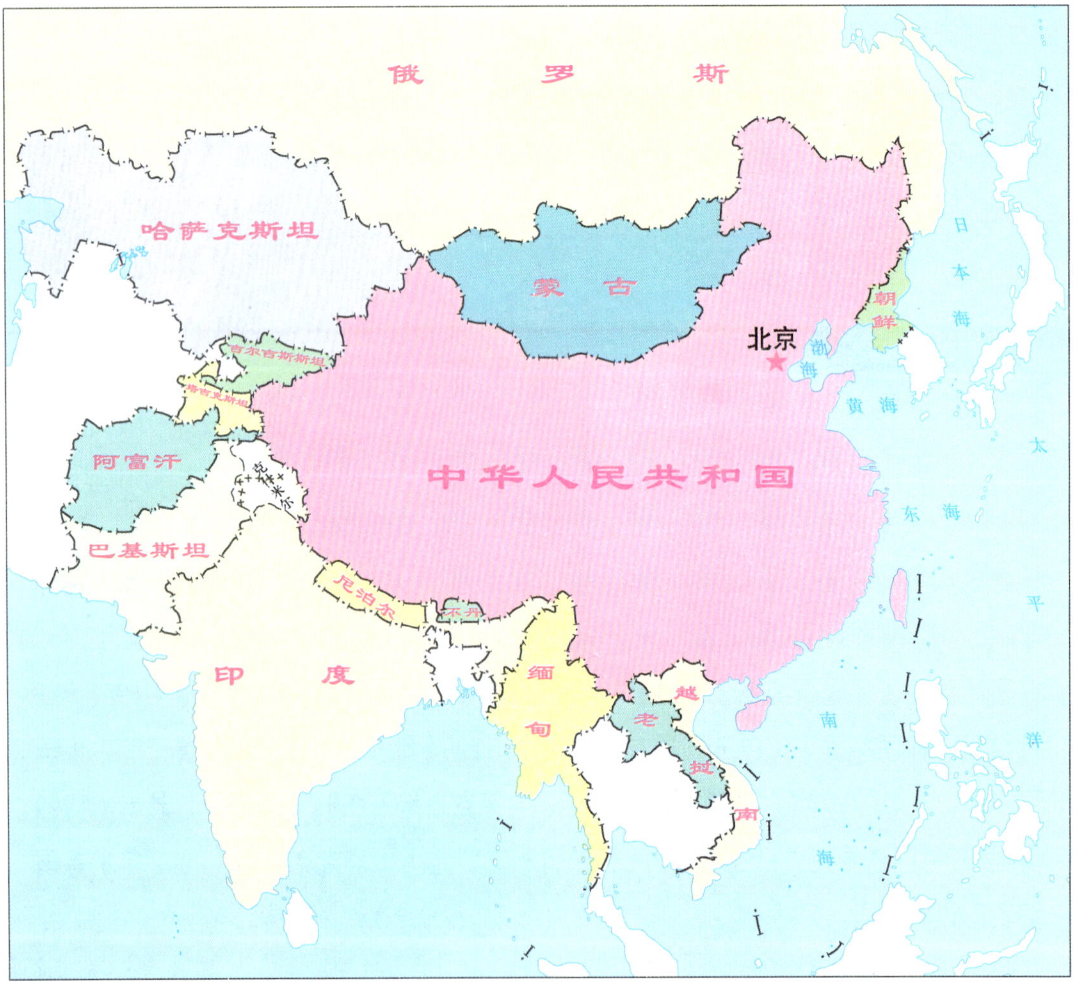

中国与陆上邻国的边界示意图

截至2011年12月，除了与印度、不丹尚未签订边界条约外，我国已经与14个陆上邻国中的12个国家签订了边界条约或协定，约90%的边界已经划定，尚有约10%的边界还在商谈中。边界问题的顺利解决，使中国有了一个和平的周边环境，能够集中精力进行社会主义现代化建设。

中国边境霍尔果斯口岸

霍尔果斯口岸是我国西部距离中亚中心城市运距最短、综合运输量最大的国家一类公路口岸。

我国新时期贯彻“与邻为善、以邻为伴”和“睦邻、安邻、富邻”的周边外交政策，陆地边界已从过去的边防前线和军事重地，变成了传递友谊和加强合作的纽带，成为改革开放的前沿和窗口。

祖国陆地边界的勘界

勘界是相邻国共同对已经划定的边界进行实地勘查、测绘，形成具体的、精确的、在陆地上实实在在标定的一条边界线，并签订勘界议定书。由于边界工作涉及国家重大利益，可谓“寸土寸金”，如何在遵守国际法原则和国际惯例的情况下最大限度地维护国家利益，是很大的外交挑战。勘定边界的主要程序一般分为以下两步。

中越陆地边界界桩

第一步，由两国共同划定边界，成果是边界条约，主要从政治、战略、外交、国家安全等方面进行考虑。

第二步，由两国共同对已经划定的边界进行勘界，把原来在边界地图上划定的边界在实地勘查、测绘出来，并竖立界桩，然后把实地勘定的边界用条约语言进行表述，形成勘界议定书，并绘制边界附图。在条约附图上对边界走向、界桩的位置及其连线等均有详细的标注。

按照国际惯例，竖立了界桩，就等于这个地方的界线已经勘定。我国与邻国已勘定的边界就是通过界桩标示的。

2008年12月31日，中国外交部副部长同越南外交部副部长在河内就中越陆地边界勘界剩余问题达成一致，历时8年的两国陆地边界全线勘界立桩工作宣告如期完成。中越边界勘界的过程中进行了三次扫雷清障，每个扫雷兵身上都有“光荣疤”，他们为我国边界的勘定作出重大贡献。

知识小窗

中越陆地边界勘界

中越两国山水相连，有着1300千米的陆地边界线。边界谈判政府代表团会晤14轮（次），勘界委员会首席代表会晤34轮，专家组会晤15轮。2000年至2009年，中国测绘主管部门每年派出测绘人员40多名，应用地理信息系统、全球定位系统及遥感等技术进行测绘作业，以确保高质量的勘界成果。1999年12月30日，中越两国政府签订陆地边界条约，此后开始在中越边境进行勘界立桩和扫雷清障工作。

2000年8月和11月，中越联合勘界委员会正式成立，并开始起草勘界有关法律文件，解决双方的分歧。2009年2月23日，中国和越南在我国广西凭祥友谊关公路口岸举行界桩揭幕仪式。2009年3月27日，中越边界勘界内业工作启动，11月18日中越陆地边界勘界文件签署仪式在北京举行。中越边界问题得到圆满解决。

拓展延伸

研究和解决祖国边界问题的意义

研究祖国边界问题及其解决措施对维护我国的边境安宁、推动双边贸易合作、增加战略互信和安全合作、为我国的和平发展营造有利的周边环境等具有重要意义。

（1）有利于维护我国的边境安宁

中华人民共和国成立以前，边界问题往往成为外部势力对我国进行侵略的跳板。例如，英国以印度为基地侵略西藏，制造所谓的“麦克马洪线”，威胁我国的边界安宁。但陆地边界问题的解决粉碎了外部势力侵略我国的阴谋，维护了我国边境的安宁。

（2）有利于推动双边经贸合作

当前我国与周边国家的边界上有重要的双边贸易口岸和人员交流通道，成为双方边境省区扩大经济、进行人文交流的重要平台。中越边界问题的最终解决，使越南的北方省份和我国广西、云南的合作变得更加密切。我国与东南亚各邻国边界问题的全部解决，大大促进了我国与东南亚区域经济一体化进程，我国与东盟的贸易额不断攀升。此外，图们江及湄公河的区域合作、我国与中亚各国的能源、经贸合作都在蓬勃发展。

（3）增进了战略互信和安全合作

中俄关系从对峙到建立信任，从信任到建立战略关系，从战略关系到建立战略协作伙伴关系，中俄关系逐步向好，这很大程度上得益于中俄边界问题的彻底解决。

（4）推动了我国与周边区域合作进程

近年来，我国与中亚各国和俄罗斯建立了上海合作组织，与东盟建立了东盟 10+1 合作框架，这些区域合作进程的推进与边界问题的解决密切相关。相对而言，中印边界问题始终没有解决，我国与南亚区域合作进程明显滞后于我国与周边其他区域的合作进程。

（5）为我国和平发展营造了有利的周边环境

随着我国经济的快速发展，“中国威胁论”在国际上尤其是在中国周边仍有一定市场。周边一些国家的此番顾虑与边界问题的未解决有关，但我国政府以负责任的态度与各国划定边界，签署具有法律约束力的边界协议，有利于淡化周边国家的戒备和疑虑，营造睦邻友好的周边环境。

第二节　中俄边界

中俄边界全长4300多千米，分为东、西两段。中俄双方以有关两国边界的条约为基础，根据公认的国际法准则，本着平等协商、互谅互让的精神，经过多年谈判，于1991年5月16日、1994年9月3日和2004年10月14日分别签署了《中苏国界东段协定》《中俄国界西段协定》和《中俄国界东段补充协定》。2005年，随着俄罗斯正式批准《中俄国界东段补充协定》，中俄边界线的走向全部确定，两国历史遗留的边界问题终于得到解决。

边界问题由来

近代以来，我国内受太平天国、捻军起义等战乱，外受英、法、美等帝国列强的侵扰，沙皇俄国趁火打劫，逼迫清政府签订了一系列不平等的条约。从1689年与沙皇俄国签订《尼布楚条约》之后，到1929年苏联出兵占据黑瞎子

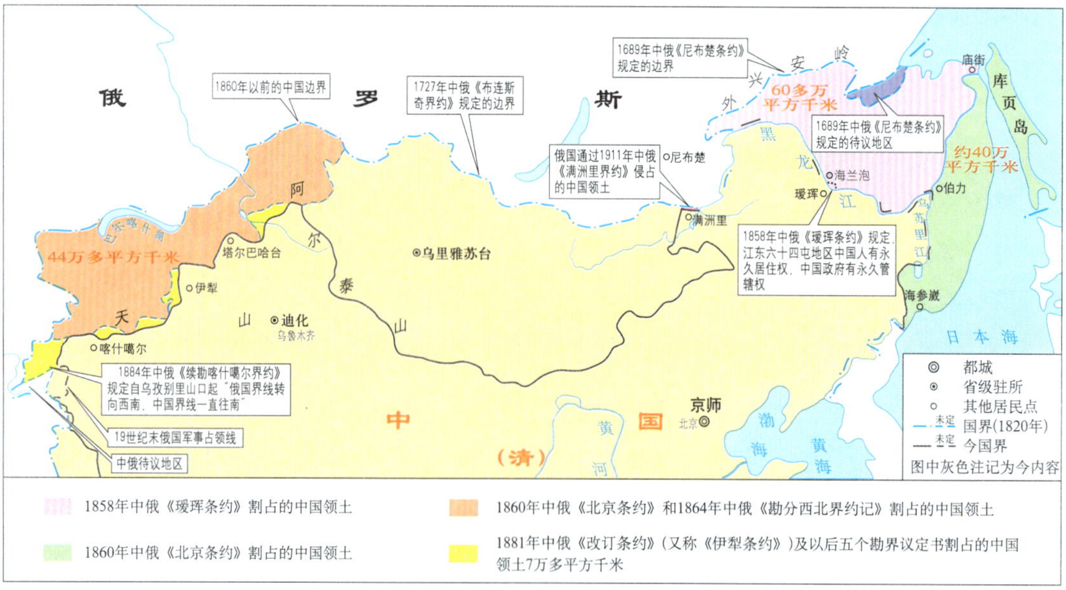

俄国割占中国领土示意图

岛的240年间，中俄签订了一系列不平等的条约，包括《瑷珲条约》（1858年5月）、《天津条约》（1858年6月）、《北京条约》（1860年11月）、《伊犁条约》（1881年2月）等。通过这些条约，俄国共攫取我国领土150多万平方千米。中俄边界问题空前复杂。

边界问题谈判

1689年中俄签订第一个边界条约《尼布楚条约》，规定了中俄的东段边界。1727年又签订《布连斯奇条约》，规定了两国的中段边界。中俄西段边界当时无条约规定，我国的西部疆界大致在巴尔喀什湖北岸。这样，在19世纪40年代以前，中俄两国在基本平等的基础上，初步确定了两国边界的走向。

中俄《尼布楚条约》签订复原场景

1960年3月，在中苏边境发生了珍宝岛事件，两国关系空前紧张。珍宝岛事件发生后，中苏双方意识到必须缓和紧张局势才符合双方的利益。于是于当年10月恢复了边界问题谈判。我国在边界问题上的原则和立场是一贯的，即在肯定19世纪我国清政府和沙俄签订的边界条约是不平等的基础上，仍愿意本着尊重现实的态度和以中苏两国人民友谊为重的原则，以这些条约为基础全面解决中苏边界问题。

虽然这次谈判没有结果，但谈判避免了因边界冲突引发战争的危险，而且借助于边界谈判这一渠道解决了一些边境居民实际生活中迫切而又带有隐患性的问题。

进入20世纪80年代以后，由于国际形势和中苏国内形势的变化，双方政治关系逐渐缓和。1986年，苏联领导人戈尔巴乔夫在符拉迪沃斯托克（海参崴）

发表讲话，在谈到中苏边界问题时第一次表示接受我国在中苏边界谈判中所持的立场，同意按主航道中心线划分黑龙江边界线走向。于是，1987 年中苏开始第三次边界谈判。双方达成协议，同意以目前中苏边界条约为基础，根据公认的国际法准则，本着平等协商、互谅互让的精神，公正合理地解决历史遗留下来的边界问题。

中苏边界第三次谈判中，中苏经过多次协商，在中苏边界东段走向问题上达成共识，双方于 1990 年 10 月成立了法律工作小组，负责起草《中苏国界东段协定》，并绘制了该协定的附图。1991 年两国外长代表两国签署了《中苏国界东段协定》及其附图。协定确定了“中苏国界线，通航河流沿主航道中心线行，非通航河流沿河流中心线或主流中心线行”。1994 年中俄双方又签署了《中俄国界西段协定》及其附图。这两个协定解决了中国与俄罗斯 98% 的边界争议问题，剩下的问题集中在额尔古纳河上游阿巴该图洲渚及黑龙江中游黑瞎子岛两个地段的边界划分，以及如何具体执行双方达成的协定。

1991 年 5 月 16 日中苏两国外长签署《中苏国界东段协定》

阿巴该图洲渚位置接近中、俄、蒙三国交界处，面积约为 50 平方千米，包括很多小岛和河汊。阿巴该图洲渚放眼望去一片绿色，草丛中不时传来清脆的鸟鸣声；纵横蜿蜒的河汊，碧波如镜，在阳光的直射下泛着白光。阿巴该图洲渚于 1929 年被苏联占领，但是我国历届政府一直主张拥有其主权，它是中俄边界争议谈判中持续时间较长的一部分。

黑瞎子岛又称抚远三角洲，是位于黑龙江和乌苏里江汇合处以西的河中岛，由诸多岛屿和沙洲组成。岛上地势平坦，江汊纵横，丛林密布，湿地芦苇茂盛，有鲑鱼、鲤鱼、鲫鱼等多种鱼。因此，黑瞎子岛具有较高的经济价值和生态价值。中俄就黑瞎子岛归属问题进行了多次谈判，以期全面彻底解决中俄边界问题。

A 阿巴该图洲渚局部景色

B 中国黑瞎子岛湿地公园

阿巴该图洲渚（A）和黑瞎子岛（B）位置示意图

边界问题解决

1991年、1994年，中俄曾先后签署有关国界东段、西段条约，以解决两国的边界问题。1991—1999年，双方重新勘查界定，1999年签署正式文件，界定了22处争议地区。

2006—2007年，中俄联合勘界组完成了对阿巴该图洲渚的划界、立桩工作。2008年10月，中俄两国在黑瞎子岛举行中俄国界东段界桩揭幕仪式，中俄两国边防部队分别按照勘定的国界线履行任务。这标志着中俄两国的边界线全部确定。按协定的原则，中国保留了经黑瞎子岛外侧黑龙江、乌苏里江水域的航行权和经图们江的出海权。

2008年10月14日，中俄双方在黑瞎子岛举行了“中俄国界东段界桩揭幕仪式”。中国外交部发言人在例行记者会上表示，中俄历史遗留边界问题的解决是双方本着平等协商精神、历经多年谈判的结果，体现了中俄战略协作伙伴关系的高水平和特殊性。中俄边界将成为中俄两国和两国人民和平、友好、合作的纽带。

中俄国界东段界桩揭幕仪式

拓展延伸

《中俄睦邻友好合作条约》

2001年7月16日中国国家主席江泽民和俄罗斯总统普京在莫斯科签署《中俄睦邻友好合作条约》。

条约概括了两国元首20世纪90年代以来发表的一系列宣言和声明的主要原则和精神，在总结历史经验的基础上，将两国和两国人民“世代友好、永不为敌”的和平思想用法律的形式固定下来，确定了在不结盟、不对抗、不针对第三国的基础上，根据互相尊重主权和领土完整、互不侵犯、互不干涉内政、平等互利、和平共处的原则，长期全面地发展两国睦邻、友好、合作和平等信任的战略协作伙伴关系。条约规定了两国今后在政治、经济、贸易、科技、文化和国际事务中合作的原则和方向。条约的签署为两国在新世纪发展健康稳定的双边关系和战略协作伙伴关系提供了政治和法律基础。

2017年6月19日下午（莫斯科当地时间），俄罗斯中国友好协会在俄科学院远东研究所隆重举行《中俄睦邻友好合作条约》签署16周年纪念座谈会。中国驻俄大使强调，当前国际局势正经历复杂深刻的变化。我们两国有着相同的发展需求、相近的发展理念、相似的战略安全环境和共同的国际责任。无论国际和地区形势如何变化，中方愿与俄方始终秉持条约精神，坚定不移地推动中俄全面战略协作伙伴关系向前发展，不断深化互利共赢的全面务实合作，加强在国际和地区事务中的协调与配合，从官方到民间强化“世代友好、永不为敌”的理念，进一步树立中俄“命运共同体”意识，并将其落实到发展两国关系和推进双方各领域务实合作的实践当中去。中方愿同俄方共同努力，坚持从战略高度来认识中俄关系、维护中俄关系、推动中俄关系。中国驻俄大使馆将为此提供一切必要的支持与协助，与俄方各界朋友保持密切沟通，共同开创中俄关系更加美好的明天。

第三节　中印边界

中印边界约2000千米，习惯上分为东、中、西三段和锡金段。中印边界锡金段已由历史条约划定，东、中、西段边界从未划定。中印建交60多年来，双方关于边界问题争议不断，两国的关系经历了友好时期、低潮时期、缓和时期、升温时期和继续发展时期。2013年3月，李克强总理把印度作为首次出访的第一站，这充分表明了我国对印度的重视，为两国关系的进一步发展奠定了基础。

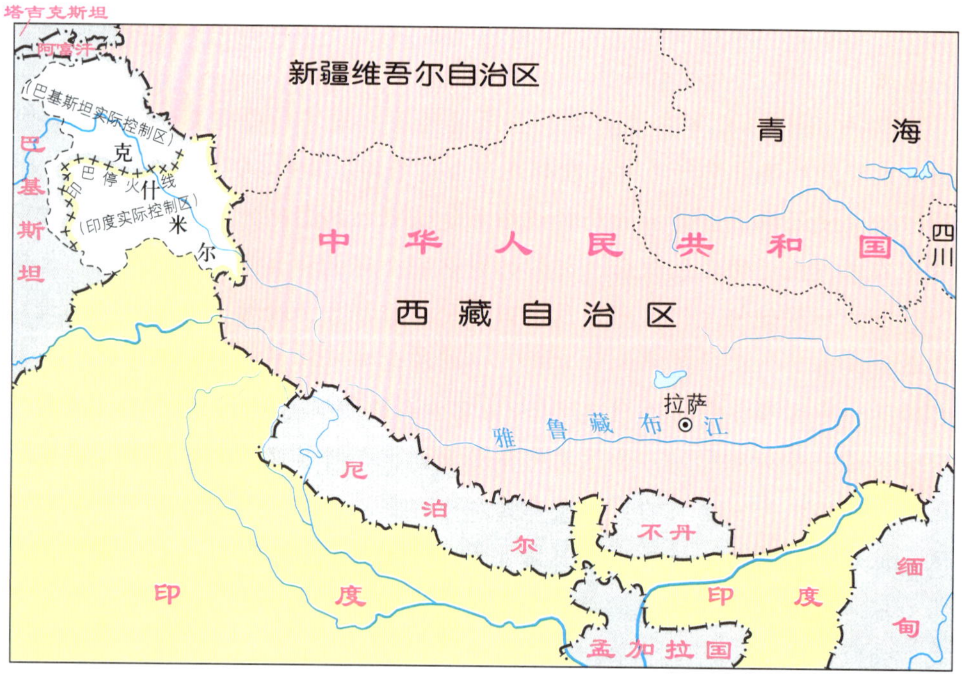

中印边界示意图

历史渊源

印度是我国西南方的最大邻国，也是一个幅员辽阔、人口众多的世界文明古国，历史上我国和印度有着长期的交往和传统友谊。两国之间虽未曾正式划定过边界线，但双方按照行政管辖所及范围，早已形成了一条各自遵守的传统习惯线。在传统习惯线两边的人民世代和睦相处，形成了相互间在贸易、宗教、探亲、访友等活动上的传统友好交往。

西藏、新疆是中国领土不可分割的一部分。但是英国统治印度后，英属印度当局以印度为基地，把侵略的矛头指向我国的西南和西北边疆地区。英印政府利用中印边界从未正式划定的状况，擅自划定所谓的“麦克马洪线”，对我国进行侵略扩张活动，从而埋下了中印争执的种子。印度自 1947 年独立后，最初一直遵守着传统习惯线。但后来印度继承了英国对中国部分领土的侵占，并进一步蚕食中国领土。

边界问题争端

中印边界问题是历史遗留的极其复杂的问题。过去英国对中国西藏地方的侵略、非法的“麦克马洪线”、从未正式划定的边界等诸多的因素使得中印边界问题解决起来异常困难。

◎东段

1913 年 10 月，英国逼迫中国政府在印度西姆拉召开所谓的中、英、藏三方会议，提出了所谓的《西姆拉条约》。会议之前，英国与当时西藏的地方当局密谋西藏“独立”，在中国西藏的辖地中间画一条线作为印藏边界线，形成《西姆拉条约》的附图，并以英国人麦克马洪的名字命名，这就是近代史上臭名昭著的“麦克马洪线”。用“麦克马洪线”划界是英国和当时的西藏地方当局背着中国中央政府搞的一个密谋，该非法行为严重损害了中国的主权。中国代表拒绝在这一条约上签字，中国历届政府也从未予以承认。

1951 年后，印方派兵占控了“麦克马洪线”以南的地区。1954 年印度修改官方地图，将“麦克马洪线”作为“已定国界”，由此占领属于中国的 9 万平方千米的领土。

1987 年 2 月，印度在非法侵占的“麦克马洪线”以南的我国领土上建立所谓的“阿鲁纳恰尔邦”。我国政府多次严正声明，绝不承认非法的“麦克马洪线”和所谓的“阿鲁纳恰尔邦”。

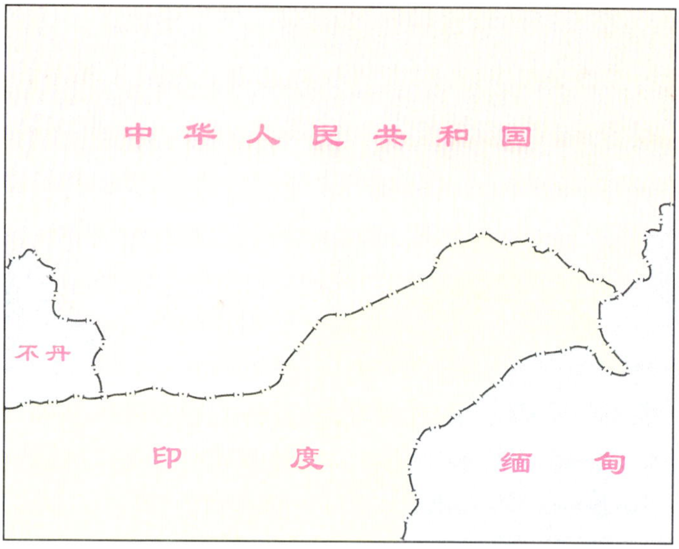

中印东段边界示意图

◎中段

中段由克什米尔地区界南端点至中、印、尼三国交界点。几个世纪以来，我国西藏地方政府一直在中印边境中段地区实施管理并征收各种赋税，至今仍保存着历史上留下的有关这些地方的封地文书或土地契约。1954 年印度与我国签订了交通协定，后来印度非法侵占了中段边界周边部分地区。这样，印度在中印边境中段侵占我国约 2000 平方千米的领土。

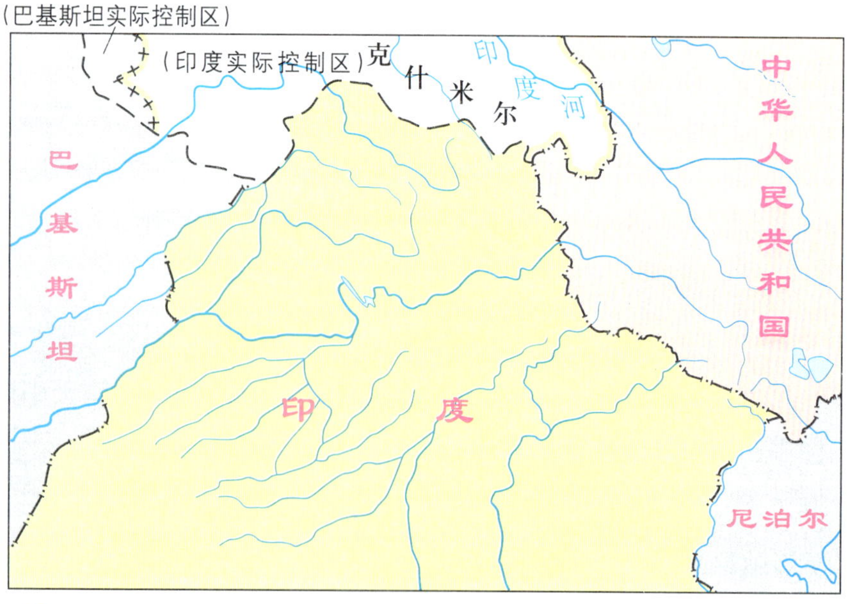

中印中段边界示意图

◎西段

西段北起喀喇昆仑山口，南至克什米尔地区界南端点。1951 年前后我国解放军进军西藏，进入西藏阿里地区，并在边界地区建有多所边防哨所。但印方在西段边界向我方提出了 3.3 万平方千米的非法领土主张。

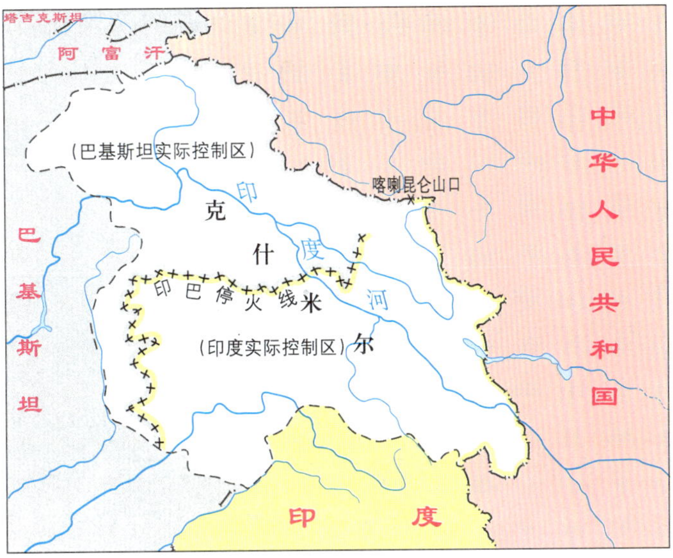

中印西段边界示意图

1962 年 10 月 20 日，中印边界西段、东段同时爆发大规模武装冲突，我军被迫反击。在反击战期间中国军队没有继续深入印度境内，保持了足够克制。同年 10 月 24 日至 11 月 21 日我国政府两次发表声明，建议停止边界冲突，重开和平谈判。我国政府为缓和局势作出一系列真诚的举措，以表明和谈的诚意。

关于中印边界问题，我国态度非常明确，无论是东段所谓的“麦克马洪线”，还是西段所谓的“约翰逊线”，我国政府从未承认，历史上我国政府和印度政府之间从未订立过有关中印边界的任何条约和协定。至于被印度政府视为具有国际法效力的《西姆拉条约》和“麦克马洪线”，我国政府从未承认该条约和“麦克马洪线”的有效性。

边界问题谈判

印度与我国的领土争端多达12.5万平方千米。为解决领土争端问题，1988年12月19日，中印双方同意建立关于边界问题的副外长级联合工作小组，通过和平方式协商解决边界争端。截至2008年3月，两国副外长级边界问题联合小组已举行了15轮会谈。

1993年，中印签署了《关于中印边境实际控制线地区保持和平与安宁的协定》。1996年11月，两国政府又签署了《关于在中印边界实控地区军事领域建立信任措施的协定》。这些协定都将有助于中印边界实际控制地区的和平与安宁。

2003年印度政府首次公开承认西藏是中国领土的一部分，重申不允许“流亡藏人”在印度进行反华政治活动，同时又约定各自任命特别代表探讨解决边界问题的框架。截至2016年底，中印边界问题特别代表团已举行了19轮会晤，并于2005年签订了《关于解决中印边界问题政治指导原则的协定》，但双方在边界谈判的一些大的指导原则的内涵上分歧严重。

之后经过一系列的谈判，双方达成以下共识：遵循双方达成的政治指导原则，发挥有关机制作用，继续通过坦诚对话，逐步缩小分歧，争取不断取得进展，最终达成公平合理和双方都能接受的解决方案。2010年12月16日，温家宝总理访印时，中印双方发表《中华人民共和国和印度共和国联合公报》，宣布建立两国国家元首、政府首脑定期互访机制，开通总理热线，

《中华人民共和国和印度共和国联合公报》（节选）：

双方重申，将坚定致力于通过和平协商，早日解决边界问题等突出分歧。双方重申，解决边界问题是两国领导人商定的“十项战略”之一。

建立外长年度互访机制，重申通过谈判协商，寻求公平、合理、双方都可以接受的边界问题解决方案，在问题解决前切实维护边境地区的和平与安宁。

知识小窗

见证中印历史渊源的陕西西安大慈恩寺

2015年5月14日，印度总理莫迪开始访华之旅。莫迪第一站就来到陕西古城西安，访问了大慈恩寺。这座迄今已有近1400年历史的古寺见证了中印两个古老大国的历史渊源。

2014年，中国国家主席习近平在访问印度时，向印度总理莫迪赠送了一份特殊的国礼——《玄奘之路》史诗剧情纪录片，并邀请莫迪在访华时看看当年玄奘藏经、译经的地方。

1000多年前，唐代高僧玄奘从长安（现为西安）到西域印度取经，然后把佛经带回中国，在长安传经。佛教从印度传入中国，对中国文化产生了深远影响。作为国内为数不多依然保存着玄奘文化遗迹的古寺，大慈恩寺见证了中印绵延千年的历史文化交流。

中印两国历史文化源远流长，佛教文化的传播增进了中印两国的文化交流和情感，更有利于促进两国友谊与合作，进而促进边界问题的和平解决。

拓展延伸

中印文化交流的使者——季羡林

中印交流肇始于秦代，两汉时逐渐频繁，隋唐时趋于高潮，宋元时更加深入。中印有几千年的交往历史，这在两国的史书中均有记载。在当代，季羡林先生作为中印友好代表团主要成员之一，见证了中印友谊。

季羡林先生对中印文化交流作出了杰出贡献。他潜心从事南亚学的研究，撰写了《中印文化交流史》《佛教与中印文化交流》等著作；他还走遍印度各地，向印度人民介绍中国文化，带去中国人民的友好情谊，又把在印度的见闻和感受告诉国内人民，为增进两国人民相互了解搭建了友好的桥梁。《印度时报》称季羡林先生为“当代玄奘”。

季羡林先生于2009年7月11日驾鹤西去时，印度总理曼莫汉·辛格致函中国国务院总理温家宝，代表印度政府和人民对季羡林先生的逝世表示沉痛的哀悼。

辛格表示，季教授是世界最著名的印度学家之一。他在佛学和中印千年文化交流史领域知识渊博，并因此广受尊重。他将印度典籍译成中文，对增进中国对印度文化的理解发挥了关键作用。为感谢他对中印关系作出的巨大贡献，印度政府和人民于2008年授予他“莲花奖”。辛格称“季教授的离世使我们失去了一位真正的朋友和倡导增进两国延续数千年关系的杰出人士”。

第三章　祖国主张管辖的海域

第一节　海洋权益概况

一国的内水和领海属本国主权管辖海域范围，一国主张管辖的海域范围还包括本国的毗连区、专属经济区、大陆架海床和底土等。《中华人民共和国海域使用管理法》规定，海域指的是中华人民共和国内水、领海的水面、水体、海床和底土。它们是国家管辖海域的重要组成部分，是国家领土向海洋延伸形成的权利，属于国家的主权范畴。

中国濒临的海域

领海

关于领海宽度，在外交史上有这样的一个小故事：

荷兰在1896年提议由各国把领海宽度增加到6海里。许多国家表示同意，但英国反对。荷兰大使对英国外相说："英国如把领海推广到6海里，则英国对自己的渔业自可得到更多的好处。"英国外相回答说："领海宽度一增加，我们就不能到你们海岸的近处捕鱼。要知道，无论我们的领海多么宽，我们还是要到你们那里去捕鱼。"

领海是沿海国（群岛国）领土的一部分，属于沿海的主权范围。沿海国对于内水以外邻接的一带海域拥有主权，群岛国则对于群岛水域以外邻接的一带海域拥有主权。《联合国海洋法公约》（以下简称《公约》）规定沿海国的领海宽度从领海基线量起不应超过12海里。

美国于1793年正式宣布领海宽度为3海里，此后，俄罗斯（1869年，但以后改为12海里）、英国（1878年）、法国（1888年）等许多国家也采用了3海里宽度。英、美等国甚至认为3海里是"领海的传统宽度"。但19世纪下半叶开始，有一些国家提出、甚至自动增加了领海宽度，这引起了新一轮的国际争论。

传统的3海里规则本质上是西方海洋强国主宰国际海洋秩序的产物，窄领海界限有利于其获取更多的海洋利益。这与要求宽领海界限来确保沿海国近海利益的广大发展中国家的主张产生了冲突，并导致了1958年、1960年、1973—1982年三次联合国海洋法会议上围绕领海宽度问题的激烈斗争。

一个国家在其领海可以行使主权，在其管辖的海域内可以行使国际法所规定的其他权利。

◎沿海国的权利

在钓鱼岛海域巡航的中国海警船

沿海国具有航行管辖权 沿海国有权制定有关法律和规章，对领海内的航行实行管理。通过沿海国领海的外国船舶必须遵守这些法律和规章，并且不得有损害沿海国的和平、良好秩序或安全的行为。沿海国出于航行安全考虑，可以在领海内指定航行的海道和规定分道通航制，也有权划定禁止船舶通行的禁航区。

沿海国具有司法管辖权　沿海国对其领海内发生的一切刑事、民事案件，均有司法管辖权，但管辖权的行使受国际条约或国际习惯的限制。

沿海国具有自然资源的所有权和专属管辖权　领海内的一切生物资源和非生物资源均属沿海国所有，非经沿海国同意，任何其他国家或其法人或自然人，均不得进入领海进行捕捞或其他勘探开发活动。2016年，我国最高人民法院正式出台“司法解释”，规定外国人在中国领海内捕鱼的行为被定义为“情节严重”的刑事罪，违例者可被判处一年监禁。

沿海国具有海洋科学研究的专属权　只有沿海国有权在其领海内进行海洋科学研究。其他国家或其法人或自然人，在沿海国领海内进行海洋科学研究时，必须经沿海国的明示同意并遵守其规定的条件。

1988年，受联合国教科文组织委托，我国在南沙永暑礁建设了海洋气象观测站（全球海平面联测网第74号站），主要监测日照、风速、水温、潮位、海水盐度等20个水文气象要素，进行海洋科学研究。2012年，三沙市气象局在西沙永兴岛正式成立，承担海洋气象观测、预报等工作。

三沙市气象局

沿海国具有海洋环境保护的管辖权　沿海国可采取一切必要措施，以防止、减少和控制各种来源的污染物对领海海洋环境的污染，并为此制定法律和规章。

外国船舶在通过沿海国领海时，如果发生违反这些法律和规章的行为，沿海国可对其进行实际检查、扣留船只以至提起司法程序。

2011年6月，美国康菲公司与中国海洋石油公司合作开发的蓬莱19-3油田发生溢油事故，对渤海湾海洋生态环境造成了巨大的影响。依据《中华人民共和国海洋环境保护法》规定，康菲公司和中国海洋石油公司总计支付了16.83亿元赔偿金（康菲出资10.9亿元），用于渤海生态建设与环境保护、受损海洋生态环境修复等。

渤海湾漏油事故发生地

◎无害通过

《公约》规定：所有国家，不论为沿海国或内陆国，其船舶均享有无害通过领海的权利。无害通过权是一种有限制的权利，沿海国可依《公约》和其他国际法规则，制定关于“无害通过”的法律和规章。

《公约》仅规定了所有船舶均享有无害通过领海的权利，却没有直接对“无害”作出明确定义，而只对有害活动作出列举性的规定，从而使“无害通过”出现分歧——军舰在沿海国领海内的无害通过，是要得到沿海国的事先同意或通知，还是可以自由通行？一般来说，海洋大国多强调自由使用论，而发展中国家则多采取事先同意论。《中华人民共和国领海及毗连区法》规定，外国军用船舶进入中华人民共和国领海，须经中华人民共和国政府批准。

知识小窗

领海基线

领海基线为沿海国家测算领海宽度的起算线。基线内向陆地一侧的水域称为内水，向海的一侧依次是领海、毗连区、专属经济区、大陆架等海域。目前确定领海基线的方法主要有以下三种。

1、正常基线法

正常基线，指海水退潮时退到距离海岸最远的那条线，即低潮线。正常基线法主要适用于海岸线比较平直或比较有规则的国家，目前大多数美洲和非洲国家都采用正常基线法（见右图）。

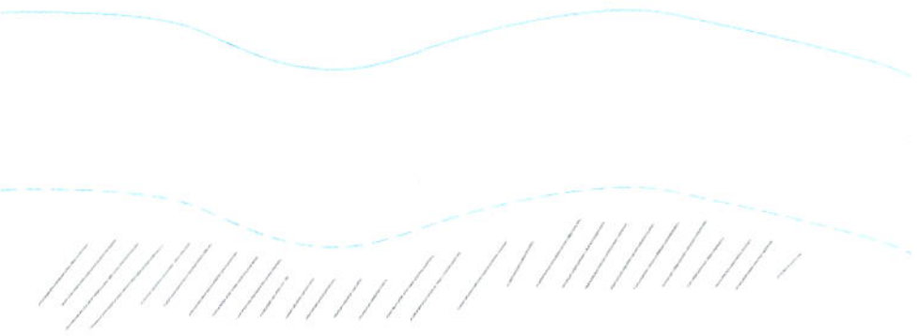

1. //// 为海岸陆地；
2. ——为海水落潮时退至最远的一条低潮线，即领海正常基线。

正常基线示意图

2、直线基线法

直线基线，指在沿海国大陆岸上和沿海岸外缘岛屿上选定适当的点作为基点，然后将每相邻的两个基点连接起来构成的折线。这种方法适用于海岸线极为曲折，或者紧接海岸有一系列岛屿的国家（见右图）。

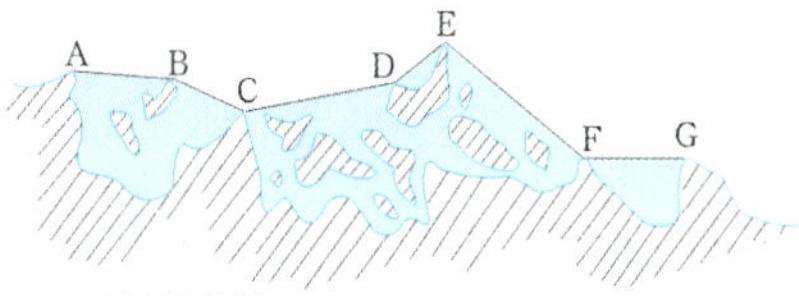

1. ////为陆地；
2. 蓝色处为水域；
3. A、B、C、D、E、F、G各点分别为划定领海基线时在海岸突出处和近岸岛屿上选出的定点；
4. 连接A、B、C、D、E、F、G的直线为测算领海的直线基线。

直线基线示意图

3、混合基线法

混合基线法，指采用正常基线法和直线基线法两种方法，来确定沿海国的领海基线。这种方法主要适用于海岸线较长且存在不同的海岸地貌特征的国家，例如荷兰、瑞典、丹麦、索马里等国，都采用混合基线法。

我国在1958年的《中华人民共和国政府关于领海的声明》、1992年的《中华人民共和国领海及毗连区法》中明确规定，中华人民共和国领海基线采用直线基线法划定；中国大陆及其沿海岛屿的领海以连接大陆岸上和沿海岸外缘岛屿上各基点之间的各直线为基线。2012年，我国公布了钓鱼岛及其附属岛屿的领海基线：钓鱼岛、黄尾屿、南小岛、北小岛、南屿、北屿、飞屿的领海基线为相关地点的12个相邻领海基点之间的直线连线，赤尾屿的领海基线为赤尾屿周围划定的5个相邻领海基点之间的直线连线。

其他管辖海域

一国管辖的海域中，面积较大的不是领海，而是毗连区、专属经济区和大陆架部分。我国主张管辖的海域面积约300万平方千米。

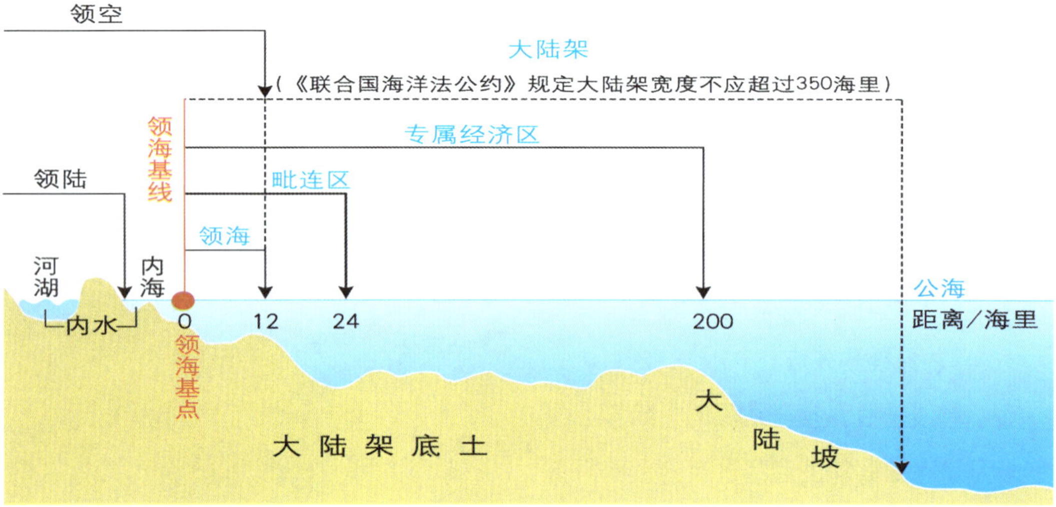

国家管辖海域结构示意图

◎毗连区

指毗邻领海并在领海以外的一带海域，其宽度从领海基线量起不超过24海里。沿海国设立此特殊海域，意在对某些事项行使必要的管制权，如海关缉私、移民、中立、渔业、污染防治、安全等。在毗连区内，沿海国具有防止和惩处在其领土或领海内违反其海关、财政、移民或卫生等法律和规章事项的权力。

◎专属经济区

指领海以外并邻接领海的一个区域，其宽度从领海基线量起不超过200海里。沿海国家对该海域内的生物与非生物资源的开发利用享有主权，并对海域内的人工岛屿、设备、海洋科学研究及海洋环境保护等享有管辖权。

《中华人民共和国专属经济区和大陆架法》（节选）：

任何国际组织、外国的组织或者个人对中华人民共和国的专属经济区和大陆架的自然资源进行勘查、开发活动或者在中华人民共和国的大陆架上为任何目的进行钻探，必须经中华人民共和国主管机关批准，并遵守中华人民共和国的法律、法规。

◎大陆架

大陆架是沿海领土以外依附其陆地领土在海底的延伸部分。《联合国海洋法公约》规定，大陆架的外部界限，若其自然延伸不足 200 海里，则扩展到 200 海里；若其自然延伸超过 200 海里，则一般不应超过 350 海里；或不应超出以 2500 米海水深度为界以外 100 海里。在大陆架区域内，沿海国具有勘探、开发包括海床、底土的矿物和其他非生物资源及属于定居种的生物等自然资源的权利。

沿海国为勘探大陆架和开发其自然资源的目的，对大陆架行使主权权利。沿海国对大陆架的权利并不取决于有效或象征的占领或任何明文公告。

当前，海洋经济已成为世界经济发展的重要领域。合理运用国际海洋法，完善我国的海洋法律制度，提出自己的海洋制度、权利和主张，对于维护我国海洋权益至关重要。

拓展延伸

历史上的领海宽度

各国围绕领海权利的主张及国际斗争具有相当悠久的历史。其中，关于领海宽度的争议十分复杂，其代表性的主张有：航程说、视线说和射程说。

航程说 14 世纪的意大利法学家巴托鲁斯认为领海宽度应该是 100 海里，即船舶航行两天的距离。16 世纪荷兰法学家真提利斯及英国法学家普洛登等人持有类似的主张。

视线说 即以人的目力所及的地平线（约 14 海里处）作为领海的外部界限。西班牙与丹麦分别在 1565 年和 1691 年规定以视线说作为本国领海宽度的确定方法。

射程说 即以沿海国在岸上拥有的实际力量（大炮射程）来决定海上行使控制权的范围（约 3 海里）。大炮射程规则起源于 1610 年荷兰和英国的渔业争端。

第二节　我国濒临的海域

我国位于亚欧大陆东部，面向太平洋。我国大陆东海岸分布有北太平洋西部的四个边缘海——渤海、黄海、东海和南海，它们自北向南呈弧状分布，跨越温带、亚热带和热带。四大海域总面积近500万平方千米，其中约300万平方千米为我国主张管辖的海域。

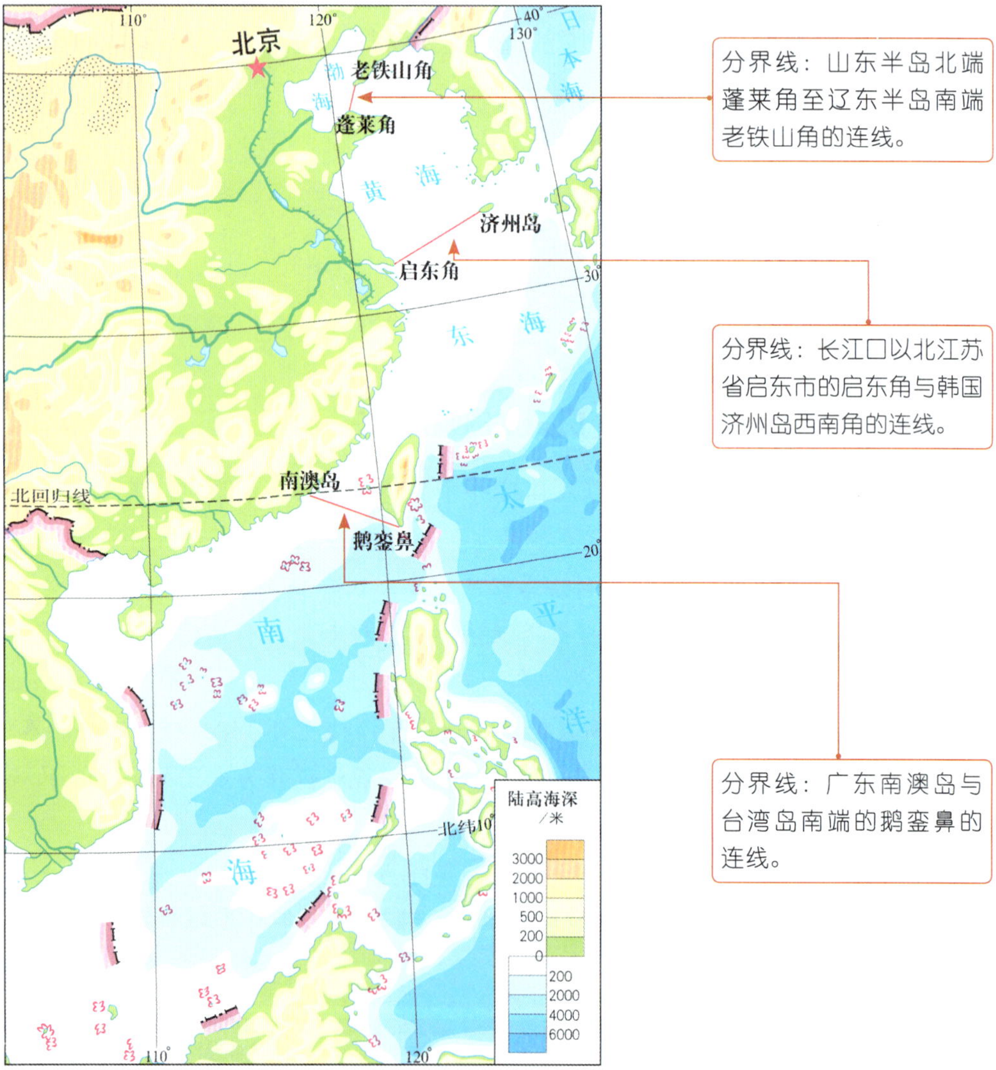

我国濒临的海域

渤海

渤海是我国的内海。它三面环陆，西侧背靠河北与天津，其北侧的辽东半岛与南侧的山东半岛就像是一双巨臂将它环抱在内。渤海由北部辽东湾、西部渤海湾、南部莱州湾和渤海海峡等组成，总面积约7.7万平方千米，内含30多个岛屿，并经最窄处的渤海海峡与黄海相通。

渤海海域图

渤海资源丰富。对虾、小黄鱼、带鱼等许多鱼虾、贝类在此繁殖、栖息和生长，渔业兴盛。当地地质和气候条件非常适宜海盐生产，形成了我国最大的盐业生产基地。海底丰富的油气资源造就了目前原油产量仅次于大庆油田的全国第二大油田。得益于优美的自然风景和众多名胜古迹，渤海沿岸旅游业蓬勃发展。此外，渤海是我国北方对外贸易的重要海上通道，已建和宜建港口100多个。得益于渔业、海盐、石油、旅游和港口等优势产业，环渤海地区在过去的数十年间社会经济发展迅速。

渤海资源分布图

1856—1860年第二次鸦片战争中，英法联军集结军舰进入渤海，先后从大沽口和北塘登陆，侵占天津，攻入北京。此后，在侵略者的威逼恫吓下，清政府与俄、英、法、美签订了《瑷珲条约》《天津条约》《北京条约》《勘分西北界约记》等不平等条约，导致大片国土沦丧。这是近代史上外国军事力量首次进入我国渤海地区。由于制海权的失落和海洋立法的滞后，此后一直到中华人民共和国成立前，该海域成为外国舰船横冲直撞的“航道”。

第二次鸦片战争形势
（1856年10月—1860年11月）
1858年，清政府被迫和英、法、俄、美四国分别签订《天津条约》
1860年，清政府被迫和英、法、俄三国分别签订《北京条约》
承德
京师（北京）
天津
北塘
大沽
1858.5
1859.6
1860.8
牛庄
营口
盛
京
渤
海
旅顺
青泥洼（大连）
登州
烟台
1860.7
1858.4
1860.5
1859.6
直
隶
大
河
黄
济南
山
东
黄
海
运
江
河
苏
安
河
淮
江宁（南京）
镇江
苏州
上海
汉口
武昌
安庆
长
江
徽
杭州
定海
宁波
镇海
东
海
九江
南昌
鄱阳湖
浙
江
西
福州
福
1860.4
淡水
台
湾
海
峡
台
湾
岛
建
厦门
1858.2
潮州
汕头
台湾（台南）
东
广州
西
江
澳门（葡占）
香港（英占）
1857.12
1857年12月英法联军攻陷广州城，成立联军委员会，还出现中国近代史上最早的地方傀儡政权
1857.10
1860.春
琼州
海南岛
南
海
国界
省界
今国界
京津形势
（1860年）
西
山
圆明园
八里桥
9.21
10.13
京师（北京）
通州
张家湾
北
运
河西务
河
永
定
河
杨村
8.24
子
牙
河
北塘
8.1
白河（海河）
天津
8.2
大沽
“亚罗”号事件
（1856年10月—1857年1月）
1856年10月8日广东水师在中国商船“亚罗”号上逮捕海盗嫌疑犯，英国借机发难
广州
十三行
亚罗号
猎德炮台
沙面
海珠炮台
珠
江
凤凰冈炮台
英军攻陷的部分炮台
英军炮击广州地点
人民抗击侵略地点
英军撤离路线
1857年10月—1858年6月英法联军侵犯路线
1859年英法联军侵犯路线
1860年英法联军侵犯路线
人民抗击英法联军地点
主要战场
中英《北京条约》被迫割让的九龙司地方一区
江宁 第二次鸦片战争后被迫增开的通商口岸
英国割占香港岛、九龙司地方一区示意图
深圳
深
圳
河
深
圳
湾
大
鹏
湾
珠
江
口
内伶仃
界限街
九龙司地方一区
香港岛
1842年英割占
1860年英割占

第二次鸦片战争形势图

1958年，我国公布了《中华人民共和国政府关于领海的声明》，规定“中华人民共和国的领海宽度为12海里”，“一切外国飞机和军用船舶，未经中华人民共和国政府的许可，不得进入中国的领海和领海上空”。我国实现了对渤海的有效管辖。因为渤海海峡中最宽处的老铁山水道不足24海里，所以渤海是我国的内海，我国对此享有完全的主权。

黄海

黄海位于我国大陆与朝鲜半岛之间，是一个近似南北向的半封闭浅海。黄海总面积约38万平方千米，习惯上以胶东半岛成山角到朝鲜长山串一线为界，分为北黄海和南黄海两个部分。历史上，黄河约有七八百年的时间曾注入黄海（入海口在今江苏省滨海县，1855年黄河再次改道后重新注入渤海），河水中携带的大量泥沙将黄海近岸的海水染成了黄色，黄海因此得名。

黄海海域资源丰富，有小黄鱼、鲳鱼、鳕鱼等多种鱼类，中国毛虾、太平洋磷虾和海蜇等浮游生物，以及牡蛎、扇贝和紫菜等底栖动植物资源。黄海海域形成了烟威、吕泗等许多优质渔场。此外，盐业生产、旅游发展、港口贸易等也都十分兴盛。

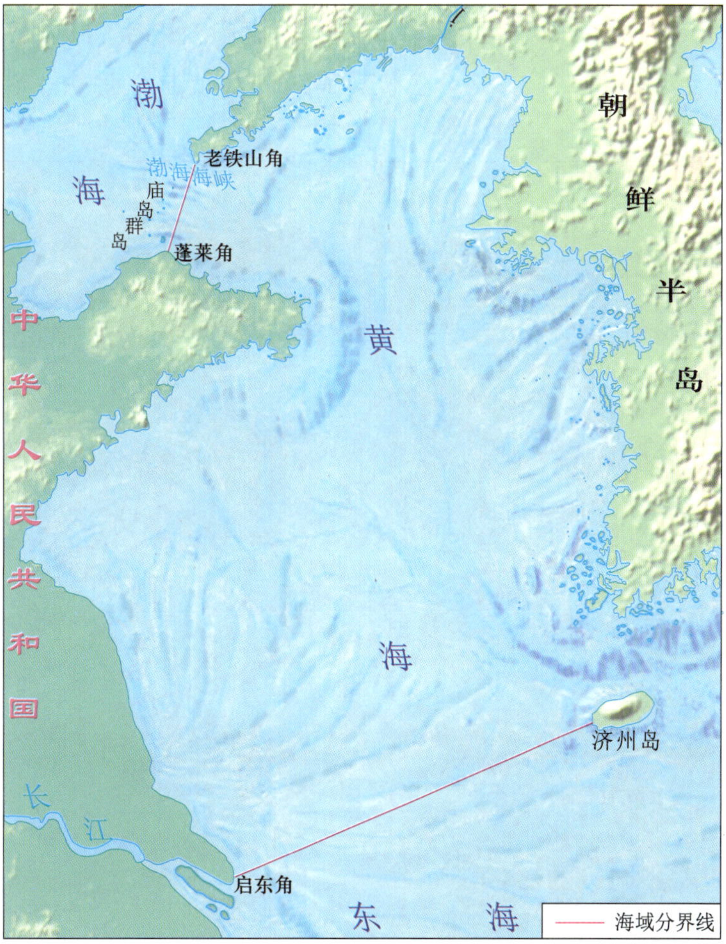

黄海海域图

1894 年 9 月 17 日，清政府北洋水师与日本海军联合舰队在黄海北部海域进行了黄海海战（甲午战争）。由于日本蓄谋已久，而清政府仓皇迎战，这次海战以清政府的失败告终。此战之后，黄海制海权落入日本海军联合舰队之手。

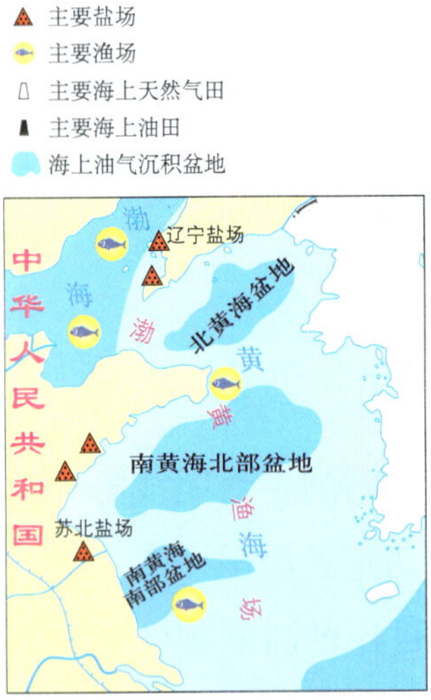

黄海资源分布图

甲午战争后，中国海军力量极度衰微，守卫黄海这一北方要地的舰队在军阀混战时期和国民党时期甚至连名称都变成“渤海舰队”。当时失去在黄海上争雄能力的中国，不得不屡屡面对外来海上势力破门而入的威胁。中华人民共和国成立后，解放军先是在黄海上建立了青岛基地和旅顺基地，后来在 1960 年统一组建了北海舰队，依据国内立法和国际法对黄海进行有效管辖。根据《联合国海洋法公约》规定，中韩两国均可在黄海主张 200 海里专属经济区和大陆架。

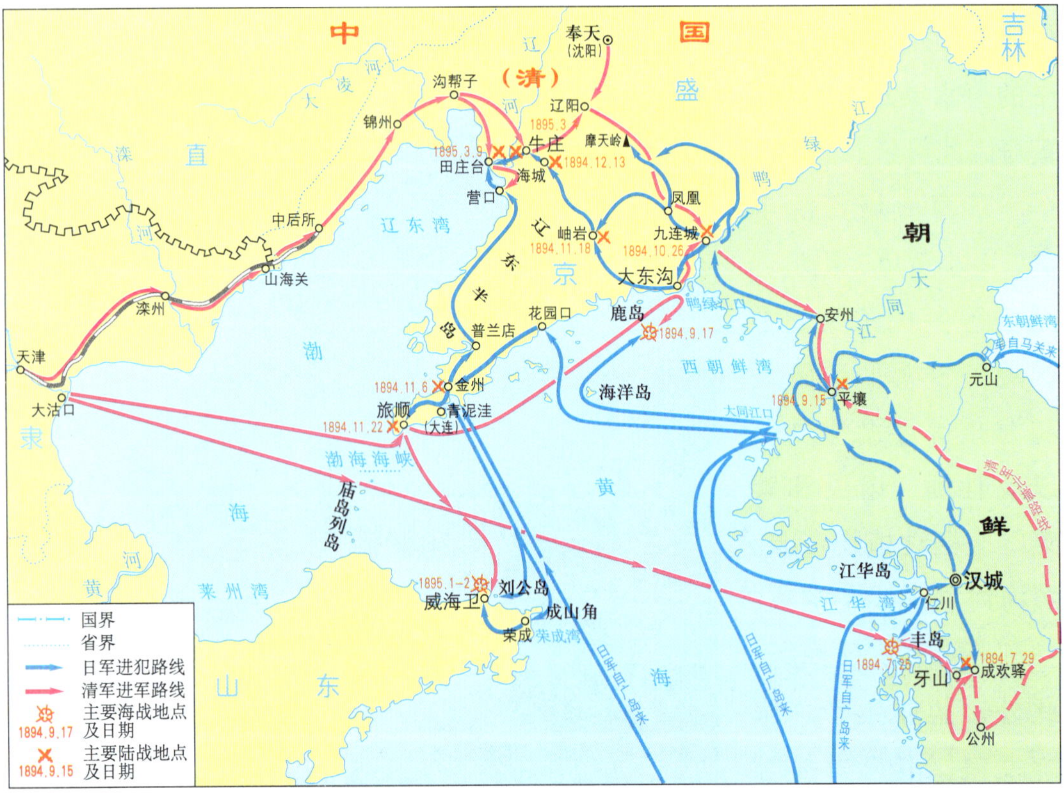

黄海海战路线（1894 年 7 月—1895 年 4 月）

但我国山东半岛成山角至朝鲜半岛长山串之间的海域仅宽 104 海里，不足以使双方各自划定 200 海里的专属经济区，需要进行海洋划界，这导致我国与朝鲜及韩国在黄海海域产生了争议海域。

黄海海战

东海

东海位于我国大陆以东至琉球群岛西侧，黄海以南至台湾岛南端。东海总面积约 77 万平方千米，西侧大陆架部分约占 66.7% 的海域，其余部分为大陆坡。我国约 60% 的沿海岛屿分布在东海，如台湾岛、舟山群岛、澎湖列岛、钓鱼岛及其附属岛屿等。

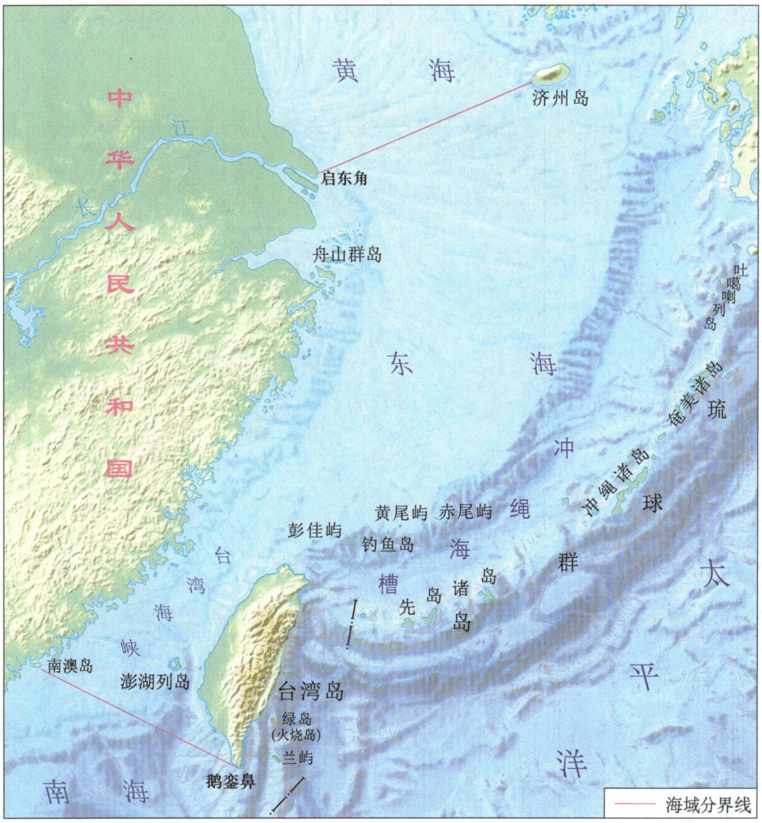

东海海域图

上海港

东海海域广阔，大陆海岸线曲折，岛屿星罗棋布，海底地形复杂。东海属于亚热带和温带气候，利于浮游生物的繁殖和生长，是各种鱼虾繁殖和栖息的良好场所，也是海洋生产力较高的海域。东海有我国著名的舟山渔场，盛产大黄鱼、小黄鱼、墨鱼和带鱼等。东海沿岸有很多优良港湾，例如上海港，这里航道深阔，水量充沛，宜于巨轮停泊。

东海大陆架上蕴藏有极为丰富的油气资源。被称为“东海西湖凹陷区域”的东海油田由春晓、平湖、残雪、断桥和天外天等油气田组成，距浙江宁波约350千米，占地面积达2.2万平方千米。东海油气田一旦正式投入开采，每年可以通过海底管道向浙江省和上海市输送25亿立方米的天然气。此外，该海域还埋藏有大量的锰、钴、镍及其他矿物资源。

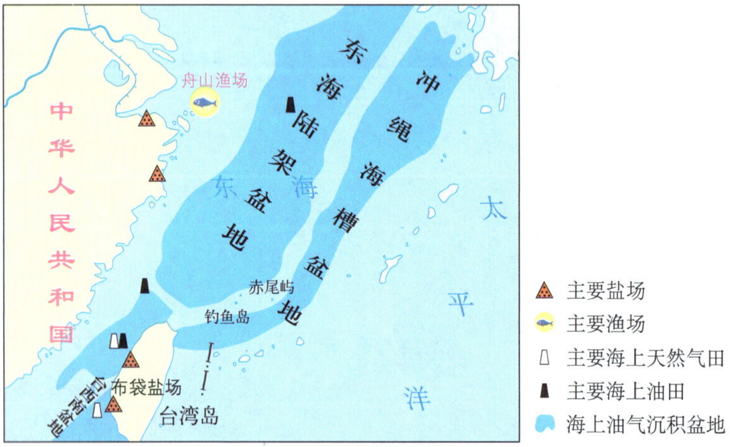

东海资源分布图

苏岩礁是东海大陆架上的一块礁石，在地质学上是长江三角洲的海底丘陵。我国自清末李鸿章组建北洋水师以来的海图中，就明确标有东海苏岩；1992年，我国北海舰队完成了对苏岩礁海区的全面测绘工作。苏岩礁是孤立的水下暗礁，不是领土，中韩之间就此不存在领土争议，这是中韩双方的共识。苏岩礁位于中韩专属经济区重叠海域，有关问题只能通过海域划界谈判解决。

南海

南海位于我国大陆南方，是我国海疆国界伸展最南之处。南海为世界第三大陆缘海，仅次于珊瑚海和阿拉伯海，总面积约 350 万平方千米。整个南海几乎被大陆、半岛和岛屿所包围，因此形成了从四周阶梯状向中部加深的菱形海域形状。

在长期的地壳变化过程中，南海形成了一个深海海盆。海盆内大部分地区较为平坦，可以称为“深海平原”。但平原内部矗立着 27 座高度超过 1000 米的山岭，以及 20 多座 400~1000 米高的丘陵。南海中的东沙、中沙、西沙和南沙群岛岛礁就是在这些高地上形成的。南海地处热带，非常适合热带生物的生长，同时还有丰富的水产和油气资源，是我国开发海洋资源的重要基地。

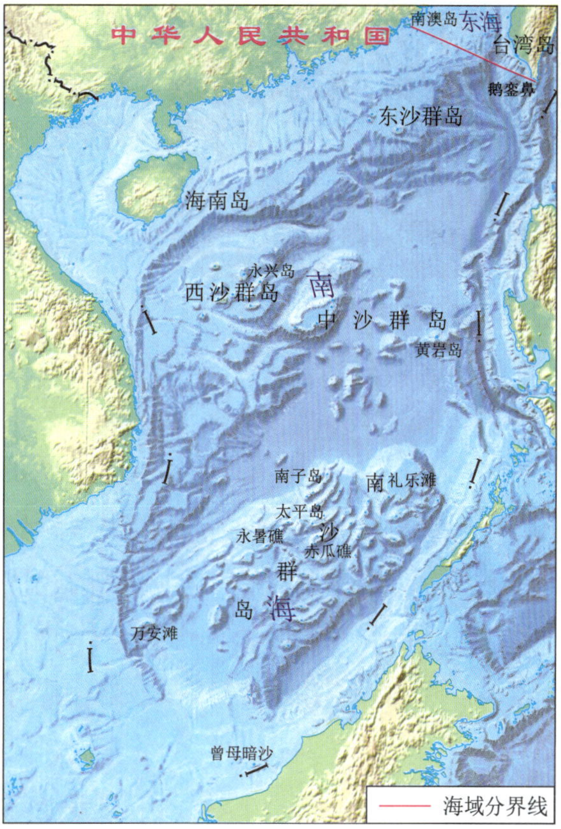

南海海域图

南海资源分布图

南海海洋资源

南海具有独特的热带、亚热带气候资源和生物等特色资源，还具有丰富的海底油气资源、海洋能源、滨海砂矿和旅游资源等，是我国濒临的四大海域中自然资源最富集的地区。

南海的生物资源非常丰富，包括植物资源、动物资源和微生物资源等。植物资源有200多种，其中最丰富的植物是藻类植物。动物资源主要指鸟类和鱼类，其中鸟类有60多种，现已查明的鱼类有1500多种。此外，南海还有很多珍贵的海产品，如海参、海马等，具有较高的经济价值。

南海蕴藏着大量的铁、锰、铜、镍、钴、铅、锌等金属元素和沸石、珊瑚贝壳灰岩等非金属矿产；还蕴藏巨大的海洋潮汐能、波能、温差能等海洋动力资源，若能科学地加以利用，其社会效益和经济效益将不可估量。

我国海军收复西沙群岛纪念碑

南海是世界上主要的沉积盆地聚集地之一，蕴藏着石油和天然气资源，是世界四大海洋油气集聚中心之一。南海不仅蕴藏有丰富的常规油气资源，而且非常规油气资源储量也同样令人瞩目，尤其是被称为“21世纪新能源”的可燃冰（天然气水合物），资源储量十分庞大。

南海丰富的海洋资源及重要的战略地位，使其成为世界上涉及国家最多、情况最为复杂的地区之一。中华人民共和国成立后，围绕南海权益，我国与周边国家进行了多次谈判与协商，这对维护我国领海主权具有重要意义。

知识小窗

台湾岛以东的太平洋海域

我国陆地濒临的海域有渤海（内海）、黄海、东海、南海及台湾岛以东的太平洋的一部分等辽阔的海域。

台湾岛以东的太平洋海域有狭窄的岛缘陆架、陡峭的大陆坡及深邃的大洋盆地。台湾岛东部海岸线北段海底坡度较缓，水深较浅（600~1000 米）；中段是断层海岸，海底坡度陡峭，大陆架宽仅 1~2 海里；南段有南北向的水下岛链和深度超过 5000 米的海槽。

台湾岛以东的太平洋海域是台风、海啸多发的地区，这对台湾的社会经济造成巨大影响。2016 年 7 月 8 日，发源于西太平洋的第 1 号台风“尼伯特”登陆台湾，仅用 60 个小时就发展成为“超强台风”，它是有气象记录以来登陆我国最强的一号台风。另外，2016 年 9 月 16 日，据台湾《联合报》报道，强台风“莫兰蒂”重创台湾南部农渔业，台湾农业损失近 6 亿新台币。

2016 年第 1 号台风“尼伯特”强势来袭

拓展延伸

中国的海洋政策

海洋不只是人类经济的通道，也不只是海运等贸易活动的载体，其本身的经济价值随着“一带一路”建设的推进而进一步凸显。现在，海洋产业正在成为我国“走出去”的拳头，成为推动对象国基础设施建设和工业化进程的重要助力。未来陆地经济与海洋经济将更加紧密地联系在一起，“陆海统筹”“走出去战略”将成为我国发展海洋经济的新趋势。

十九大报告中提出“坚持陆海统筹，加快建设海洋强国”。当前，蓝色正逐渐渗入中国经济的底色，中国经济形态和开放格局呈现出前所未有的“依海”特征，中国经济已是高度依赖海洋的开放型经济。

建设海洋强国是中国国内发展的需要，但中国建设海洋强国将始终立足于和平、合作、共赢，不会以牺牲别国利益为代价来发展自己，中国也将一如既往重视海洋生态环境保护。十九大报告将建设海洋强国从生态文明建设部分移至现代化经济体系部分，并不意味着对海洋的保护将弱于开发。在环境保护已受到前所未有的重视的情况下，中国会持续加大对海洋的保护力度，不会掠夺海洋。

习近平表示，建设海洋强国，我一直有这样一个信念。发展海洋经济、海洋科研是推动我们强国战略很重要的一个方面，一定要抓好。关键的技术要靠我们自主来研发，海洋经济的发展前途无量。

第三节 海洋的开发与海洋权益的维护

海洋是人类生存的基本空间和依赖的重要资源。我国主张管辖的海域内有各种类型的丰富资源，受丰富资源及其带来的可观经济利益的驱使，周边国家与我国存在诸多的海洋争端。利用国际法维护国家的海洋权益，解决海洋争端是我们的重要任务。

海洋的开发

我国对海洋的开发，从地域看，可以分为海岸带资源的开发、海洋资源开发两个方面。

◎海岸带资源的开发

我国拥有长达 1.8 万千米的大陆海岸线，居世界第四位。从海岸线向海陆两侧扩展到一定宽度的带状区域即为海岸带。我国对海岸带的开发以滩涂资源开发、港口建设和旅游等相关产业为主。

滩涂是大潮时位于高潮线以下、低潮线以上的亦海亦陆的特殊地带。水产养殖是滩涂利用的主要方式之一。滩涂养殖的水产种类主要有贝类、海藻类和鱼虾类。近年来，我国滩涂贝类的养殖面积和产量约占海水养殖总面积和总产量的 40%。

福建海岸带水产养殖

港口历来是一国经济发展的重要支撑，它具备物流服务、信息服务、商业和产业四大功能，是货物、资金、技术、人才、信息的聚集点。20世纪90年代，我国西沙群岛永兴岛码头只有被一条岸堤分成的两个泊位，码头边也常常仅停靠着几艘小渔船。进入21世纪，尤其是三沙市正式成立后，永兴岛综合码头建设如火如荼。2013年7月18日，永兴岛综合码头一期正式交付，该项目总投资3亿多人民币，共建成了9个码头泊位。2016年，码头陆域工程竣工，候船楼已投入使用。综合码头的建设、升级为三沙市的行政管辖、物资补给、陆岛交通和综合执法活动等，为永兴岛提供了综合保障平台，有利于国家主权的维护。

2010年的永兴岛在建码头

海洋旅游按空间范围可分为海岸带旅游、海岛旅游、海上旅游和海底旅游等，按距离陆地的远近又可分为滨海旅游、近海旅游和远洋旅游等。我国的滨海旅游资源十分丰富，形成了许多著名的旅游胜地，如海南三亚、福建厦门、山东青岛、辽宁大连等。海南省三沙市自2013年开通游轮旅行以来，已开辟航线120多条，累计接待游客数万名。三沙市旅游的发展，是具有象征性意义的事件，也是彰显中国海洋权益的重大行动。

美丽三沙之西沙风光

◎海洋资源的开发

海洋是资源的宝库，是世界新一轮经济发展的重要支撑之一。我国开发利用的海洋资源主要有海洋水资源、海洋能源、海洋生物资源、海洋化学资源、海底矿产资源、海洋空间资源等。

海洋生物资源除少量的药用资源开发外，主要是渔业。我国浅海大陆架海域不仅阳光充足，而且有入海河流带来的丰富营养盐类，故而浮游生物繁盛，吸引了大量鱼类的聚集，形成了多个渔业资源丰富地区，如渤海渔场、舟山渔场、南海沿岸渔场和北部湾渔场等。

随着环境污染对渔业资源的破坏、大规模填海造陆对渔业空间的挤占，以及近海捕捞总量的不断加大，我国近海渔业发展危机重重。在我国专属经济区内，外国渔民进行非法捕捞、周边国家的海警船越界执法的事件偶有发生，由此导致渔业和海事安全冲突。这些事件不但导致海事局势紧张，有时甚至升级为外交、安全冲突。以韩国为例，近年来中韩两国在双方有争议的专属经济区内时常发生争夺渔业资源的冲突。此外，日本、菲律宾、印度尼西亚、马来西亚等国与我国也多次发生渔业冲突。

中国海警船

为此，我国正在推动制定海警海上执法武力使用规则和发展远洋渔业护航力量。目前我国已建成数艘吨位居世界首位的万吨级海警船，另有大批具备远洋能力的 2500 吨级以上的海警船。我国渔民去南海南部捕鱼会得到国家强有力的保障。

海底矿产资源主要分为滨海砂矿、油气资源和多金属结核等三大类别。我国近海和南海地区是世界性的油气资源富集地区。2012 年，中国海洋石油公司对该地区进行了资源研究与评价，估算该地区大约有 1250 亿桶石油待发现资源和 5000 万亿立方英尺天然气待发现资源。

可燃冰

南海海域是我国可燃冰最主要的分布区，我国可燃冰资源储存量相当于 1000 亿吨油当量，其中有近 800 亿吨油当量的可燃冰资源在南海。根据国土资源科技创新发展规划，“十三五”期间，通过研制深远海油气及可燃冰勘探开发技术装备，我国将推进大洋海底矿产勘探及海洋可燃冰试采工程，力争 2020 年实现商业化试采，研制成功全海深潜水器和深远海核

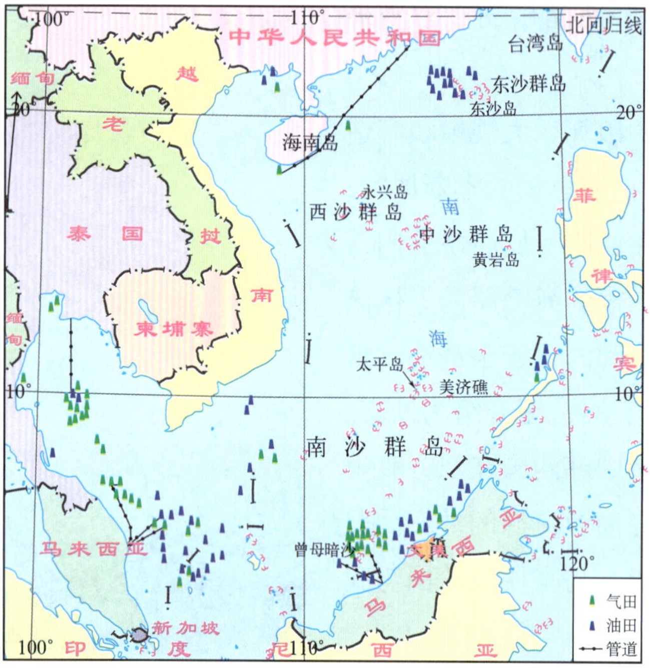

南海油气资源分布图

动力浮动平台技术。

20世纪60年代在南海盆地发现了大量石油和天然气资源，此后南海地区争端日趋激烈。在此复杂背景下，我国与南海周边有关各国展开了政治谈判。2002年11月4日，在第六次中国与东盟领导人会议上，我国与南海有关各方签署了《南海各方行为宣言》，约束周边各国的非法行为。此外，我国在南海管辖海域设置海洋石油钻井平台，面向外国公司招标，合作勘探和开发南海油气资源等工作也在积极、稳步地推进。我国海洋石油勘探开发已进入快速发展的时期，海洋石油装备的国产化进程也在加快。

知识小窗

点亮新能源时代曙光的“冰块”——可燃冰

天然气水合物又称“可燃冰”，它是由水和天然气在高压、低温环境下形成的类冰状结晶物质，是标准的“高潜力”能源。可燃冰燃烧值高、资源储量丰富，被各国视为未来石油、天然气的战略性替代能源，是世界瞩目的战略资源，对我国能源安全及经济发展有着重要意义。

2017年5月18日，我国南海神狐海域可燃冰试采实现连续187个小时的稳定产气，这意味着我国正式成为全球第一个实现海域可燃冰试采并获得连续稳定产气的国家。

2017年5月18日“蓝鲸一号”钻井平台在我国南海神狐海域试采可燃冰

海洋权益的维护

我国是一个海洋大国。在渤海、黄海、东海和南海四大海域中，除渤海为内海外，其他海域都与周边国家存在不同程度的争议。这些争议涉及岛礁归属、大陆架划分、管辖海域划分等方面，其中最突出的是岛礁之争。

◎黄海海域权益维护

黄海有北黄海和南黄海之分。南黄海是北黄海面积的三倍，主要分布着我国与韩国的领海和专属经济区。历史上，我国先民最早发现并经营着黄海海域。但近代以来，外国列强多次从黄海入侵我国，包括第二次鸦片战争、八国联军侵华等。我国依据《联合国海洋法公约》和国内立法，多次严正声明黄海权益。但韩国却提出不同主张，并用实际行动打破了黄海原有的平静，导致冲突不断。特别是 21 世纪以来，随着美国全球战略的重心转向亚太地区，中韩黄海争端明显激化、升级，尤其是渔业问题。

黄海是一个面积约为 38 万平方千米的半封闭海，中韩沿岸间的相向距离没有一处超过 400 海里，因此中韩之间在黄海存在争议海域。我国根据《联合国海洋法公约》精神，主张按公平原则来划分专属经济区界限，具体要依据海岸线比例、人口和历史传统的因素。但韩国却提出采取等距离中间线原则，利用中间线原则强行侵占部分礁石。针对韩国行为，我国政府予以严正声明，要求韩国停止一切在争议海域的单方面活动。

黄海海域示意图

《中韩渔业协定》是中国和韩国签订的关于各自海域的规定。协定规定了中韩两国暂定措施水域、过渡水域和维持现有渔业活动水域的范围，渔民在暂定措施水域、专属经济区管理水域作业的管理方式和申请的相关问题，以及违反规定作业的处理方式。该协定于2001年6月30日24时正式生效。

黄海海域争端只能通过协商以求公平解决。为切实维护我国海洋权益，我国政府在2001年与韩国签署《渔业协定》，较好地维护了我国正常的渔业秩序，保护了我国的渔业资源。我国政府整合了海上执法力量，加强了敏感海域内定期巡航和执法专项行动的力度。此外，我国还在“搁置争议、共同开发”的原则指导下，争取与韩国就黄海问题达成共赢的终极目标。

◎东海海域权益维护

根据2006年中韩两国在第11次海洋法磋商中就苏岩礁问题达成的共识：苏岩礁是水下暗礁，中韩两国在此不存在领土主权争端。因此，中韩东海争议的本质与黄海争议相同，为海域划界之争。

中日东海争议主要有两个方面：钓鱼岛及其附属岛屿的主权归属和东海海域划界问题。中日两国在东海海域划界原则上存在严重分歧。首先，在大陆架权利主张上，中国主张自然延伸标准，而日本主张距离标准。其次，在划界原则上，中国主张适用公平原则，日本则主张适用等距离“中间线”原则。第三，在是否共架问题上，中国认为东海大陆架是亚洲大陆的自然延伸部分，自中国领海以外向东一直延伸到冲绳海槽为止；日本则认

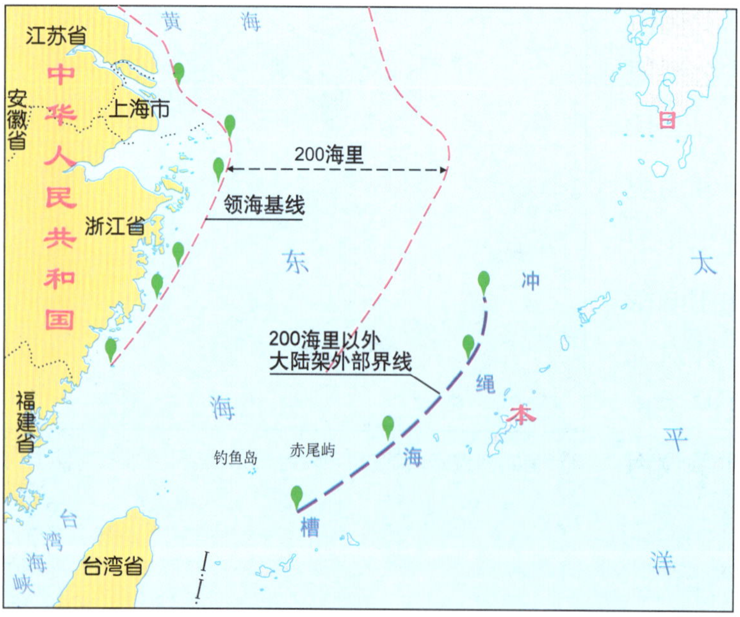

冲绳海槽

为冲绳海槽只是东海大陆架上的一个偶然凹陷，中日两国在东海拥有共同大陆架。

在这一争议中，中国的权利主张更能体现国际法的价值理念，更符合国际司法惯例。中国主张的大陆架“自然延伸”原则是《联合国海洋法公约》明确规定的主要的、基本的，也是最符合公平原则的客观标准。“自然延伸”是国际司法判例确立的大陆架划界基本规则。比如1969年关于北海大陆架的争议，如果按照丹麦、荷兰主张的“中间线”原则进行划分，德国大陆架的面积将最少。国际法院考虑到北海大陆架多由德国领土延伸出去，所以最终判决支持了德国的“大陆架自然延伸”的主张。其次，日本主张的“中间线”原则，无论是与我国的主张相比较，还是从东海地质、地貌、地形的实际情况来看，日本主张的法律依据明显不足。因为“中间线”原则既不是《大陆架公约》规定的首位或唯一划界原则，也与《联合国海洋法公约》中的专属经济区和大陆架规定相矛盾。

知识小窗

大陆架

沿海国的大陆架包括其领海以外依其陆地领土的全部自然延伸，扩展到大陆边外缘的海底区域的海床和底土，如果从领海基线到大陆外缘的距离不足200海里，则扩展到200海里。

沿海国对大陆架的权利是专属性的，不需要沿海国家有效或象征性占领或任何明文公告。沿海国家对大陆架的海床和底土以及海床和底土中的矿物资源和非生物资源享有主权权利，大陆架中丰富的石油资源、矿物资源和非生物资源可由主权国勘探和开采。其他国家在沿海国大陆架上覆水域享有相应的航行、飞越、铺设海底电缆和管道等自由。

◎南海海域权益维护

南海海域争议真正成为问题始于20世纪70年代初。随着南海被认为是油气资源富集区，以及全球石油危机和200海里专属经济区制度的建立，南海周边一些国家对南海中的岛礁产生强烈兴趣，纷纷以各种借口非法占据南海中的岛礁。

我国在南海的领土主权（南海诸岛主权）和海洋权益（内水、领海、毗连区、专属经济区和大陆架）是在长达2000多年的历史实践中形成和发展的。这些权利的取得基于中国长期丰富的历史实践，并与同时代的国际法和国际惯例相匹配，具有充分的历史和法理依据。

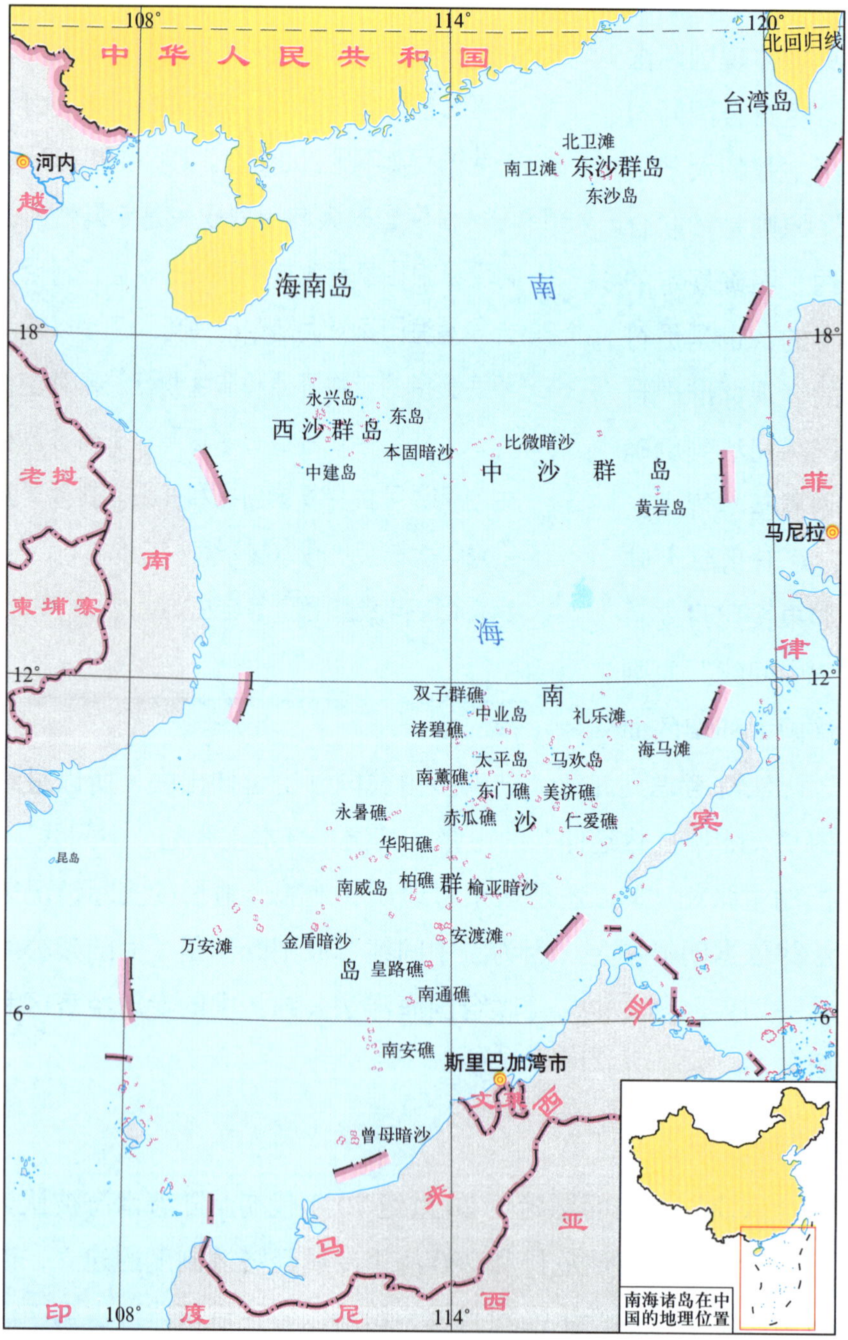

南海诸岛

早在2000多年前的汉朝，我国人民就已经在南海航行。通过长期的航海实践，陆续发现了南海诸岛。最晚到东汉时期，我国人民就已经发现和命名了南海，并初步掌握了在南海航行的基本特点。宋代时，中国将南海诸岛列入“琼管”范围，即属于当时广南西路琼州的实际管辖范围，并派遣水师巡防，实施有效管理。从明清两代开始，中国已将南海诸岛明确纳入中国版图，实施有效管理。中国是南海诸岛及其附近海域唯一的主权国家。当时，中国中央政府将管辖权归于广东省琼州府万州，并派水师巡卫西沙群岛、中沙群岛和南沙群岛。另外，1868年英国官方编写的《中国海指南》也记载了中国人民在南海诸岛及相关海域从事生产活动的历史。

《郑和航海图》原名《自宝船厂开船从龙江关出水直抵外国诸番图》，绘于13世纪初。图中标注了“石塘”“万生石塘屿”和“石星石塘”等岛屿名称。“石星石塘”指今东沙群岛和中沙群岛一带；“石塘”和“万生石塘屿”指今西沙群岛、南沙群岛一带。

明代的《郑和航海图》

20世纪50年代以前，中国在南海的领土主权和海洋权益是得到国际公认的。近代以来，西方殖民者对我国南海权益的侵权行为，不仅没有中断我国的南海权利，反而激发了政府和民众的确权和护权意识，我国在南海的领土主权和海洋权益也因此得到固化。如1881年，德国军舰擅自到西沙群岛永兴岛等地进行勘测。清政府在予以阻止和强烈抗议的同时，于1902—1911年多次派官员前往西沙群岛视察、竖碑纪念、勒石命名，并将西沙群岛划归海南岛崖县管辖。1921年起，民国政府先后成立了海界委员会等机构，开始建立中国的海洋制度，并行使相应的职责。1933年，民国政府专门成立“水陆地图审查委员会”，重新对南海诸岛进行统一测绘，并于1935年出版《中国南海各岛屿图》，划定南海四大群岛范围。

中华人民共和国成立后，我国政府采取国内立法、行政管辖、岛礁建设、标绘地图、巡逻执法、对外宣示、资源开发等多种方式伸张和维护我国在南海的领

《中华人民共和国政府关于领海的声明》（节选）：

中国大陆及其沿海岛屿的领海以连接大陆岸上和沿海岸外缘岛屿上各基点之间的各直线为基线，从基线向外延伸12海里的水域是中国的领海。在基线以内的水域，包括渤海湾、琼州海峡在内，都是中国的内海。在基线以内的岛屿，包括东引岛、高登岛、马祖列岛、白犬列岛、乌岳岛、大小金门岛、大担岛、二担岛、东碇岛在内，都是中国的内海。

土主权和海洋权益，使得我国南海权利的内涵和实践都更为丰富。我国对南海诸岛及相关海域的巡逻执法、资源开发和科学考察等活动从未中断过。

1958年起，我国政府先后公布了《中华人民共和国政府关于领海的声明》《中华人民共和国领海及毗连区法》《中华人民共和国政府关于中华人民共和国领海基线的声明》《中华人民共和国专属经济区和大陆架法》等一系列声明和国内法，有效巩固了我国对南海岛礁及相关海域的权利主张。1959年起，我国政府科学划设南海行政区域，出版官方地图，开展维权执法行动，不断强化对南海诸岛及其附近海域的行政管辖。20世纪50年代起，我国政府坚持有序、适度开发利用南海资源，注重资源养护，加强环境保护，逐步拓展开发利用的海域和规模。从1974年西沙海战起，我国相继收复并进驻了西沙、南沙海域的多个岛礁，并建设了灯塔、机场、海洋气象观测站等许多基础设施，为国际社会提供导航、搜救、海上救助、科研等公共服务，积极地履行了中国承担的国际责任和义务。

西沙群岛中的港口灯塔

知识小窗

与中国存在海洋争议的国家

朝鲜

国名： 朝鲜民主主义人民共和国。

首都： 平壤。

韩国

国名： 大韩民国。

首都： 首尔。

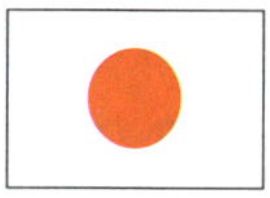

日本

国名： 日本国。

首都： 东京。

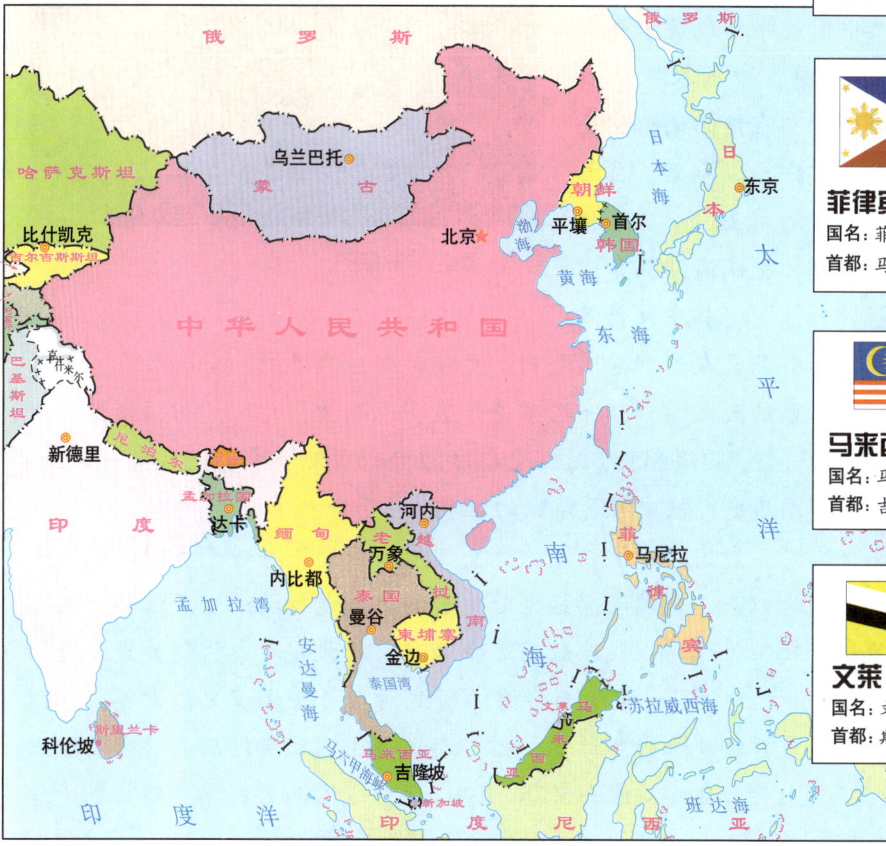

菲律宾

国名： 菲律宾共和国。

首都： 马尼拉。

马来西亚

国名： 马来西亚。

首都： 吉隆坡。

文莱

国名： 文莱达鲁萨兰国。

首都： 斯里巴加湾市。

越南

国名： 越南社会主义共和国。

首都： 河内。

印度尼西亚

国名： 印度尼西亚共和国。

首都： 雅加达。

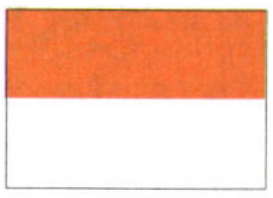

拓展延伸

黄岩岛

黄岩岛是一个略呈等腰三角形的大环礁，东西长 15 千米，南北宽 15 千米，周边长约 55 千米，面积约 150 平方千米（包括潟湖）。中国对黄岩岛的领土主权有着充分的历史和法理依据。

黄岩岛影像图

（一）中国最早发现黄岩岛。早在 2000 多年前，中国人民就首先发现包括黄岩岛在内的南海诸岛及其海域，并首先予以命名，称之为“涨海”“涨海崎头”。从宋代开始至明清时期，把南海诸岛命名为“石塘”“长沙”，其中包括黄岩岛在内的中沙群岛就在这个范围之内。元朝时期，为了统一全国历法，元世祖敕令时任都水监的天文学家郭守敬主持开展实地测量，此即“四海测验”。1279 年，郭守敬进行“四海测验”时，选定的 27 个纬度测量点之一就有黄岩岛。这一事实，在中国历史文献中有着清晰的记载。

（二）中国对黄岩岛进行了长期的开发利用。黄岩岛海域是我国渔民的传统捕鱼场所，自古以来，我国渔船经常赴黄岩岛海域进行渔业生产活动，渔民还在岛上修建了码头等设施。我国政府近年来多次派科学考察队到黄岩岛进行考察。1977 年 10 月，中国科学院南海海洋研究所人员登上黄岩岛考察。1978 年 6 月，该所人员再次赴黄岩岛考察。1985 年 4 月由国家海洋局南海分局组织的综合考察队登上黄岩岛实施综合考察。1994 年，我国南海科学考察队抵达黄岩岛进行考察，并在岛上立了一块 1 米高的水泥纪念碑。

（三）中国最早将黄岩岛列入版图、实施主权管辖。第一，中国政府曾于 1935 年、1947 年和 1983 年三次正式公布黄岩岛的名称。第二，中国历代政府出版的官方地图均将黄岩岛标为中国领土。第三，在行政管辖方面，黄岩岛一直不间断地在中国广东省、海南省的管辖之下。目前，黄岩岛由海南省三沙市实施行政管辖。第四，从 20 世纪 70 年代起，中国政府受理并批准了多次国际无线电爱好者要求登岛探险的申请。

黄岩岛是中国的固有领土，中国对黄岩岛拥有无可争辩的领土主权。

第四章　祖国版图的正确表示与使用

第一节　地图与国家版图

提到国家版图，人们常常会联想到地图。公元前 3 世纪的韩非说："事大未必有实，则举图而委，效玺而请兵矣。献图则地削，效玺则名卑；地削则国削，名卑则政乱矣。"其中说到，将本国的地图献给另外一个国家，等于是让别人来攻打与瓜分本国领土，放弃本国的地图等于放弃自己的国家。因此，地图与国家版图的关系十分密切。

地图与国家版图的关系

有着 5000 年历史的中华民族，繁衍生息在这片山川秀丽、物阜民丰的祖国大地上，其所见、所为、所想，都可以生动、形象地用地图的形式表达、呈现。地图是国家版图的缩影，是国家版图的主要表现形式。地图最直观地反映了一个国家的领土范围。

地图是按照一定的法则，有选择地以二维或多维形式与手段在平面或球面上表示地球（或其他星球）若干现象的图形或图像，它具有严格的数学基础、符号系统、文字注记，并能用地图概括原则，科学地反映出自然和社会经济现象的分布特征及其相互关系。地图能成为国家版图最主要的表现形式，与它所具备的三个基本特性密切相关。

第一，地图必须遵循一定的数学法则。地图通常需要把地球曲面上的物体转换到平面上加以表示，而且必须准确地反映客观物体的位置、属性等要素之间的关系。因此，比例尺、地图投影、各种坐标系统就构成了地图的数学法则。

第二，在地图上所表示的物体，如居民地（城市、乡镇）、河流、湖泊、交通线（铁路、公路、航空线）、境界（国界、省界）等，都是用地图语言来表达的。所谓的地图语言也称为符号系统，包括地图符号、颜色和文字等。

第三，缩小了的地图不可能绘制出地球表面上所有的物体，因此在每一幅地图上只能以概括和抽象的方式有选择地绘制出人们需要表示的地物，这体现了地图制图的综合性。

地图的数学基础决定了地图不能随意变形，能最真实地刻画国家版图；地图语言使得地图内容严谨且形式统一，能最直观地描述国家版图；制图综合保证了地图的高度提炼和科学简化，能最准确而具体地反映国家版图。

由于表示了国家版图的地图象征了国家主权和领土完整，体现了国家的主权意志和政治外交立场，因此世界各国都十分重视本国版图在地图上的正确表示。

认清"问题地图"

现阶段我国"问题地图"主要分为两大类：一是地图中存在危害国家统一、主权和领土完整等严重问题，如错将我国台湾按独立国家表示；漏绘重要岛屿，比如海南岛、台湾岛、南海诸岛、钓鱼岛及其附属岛屿等；错将我国重要岛屿按其他国家主张名称进行标注；错绘国界线，将我国大片领土表示成国外的领土等。二是地图上表示了危害国家安全、损害国家利益的内容，如表示了国防、军事设施、未经公开的港口、机场等属于国家机密的内容，涉及影响民族团结、侵害民族风俗习惯等内容。

出现"问题地图"的原因，一方面是国家版图意识淡薄，不重视国家版图的尊严，没有严格依照法律规定来编制地图。地图编制是一项专业性、技术性很强的工作。编制者如果没有过硬的专业知识和认真负责的态度，编制出的地图就很容易出现政治性、原则性等问题。另一方面是遵守相关法律法规的观念缺失。地图法规是确保中国版图正确性和完整性的依据。按照规定，编制、出版、展示、登载的地图，在出版、展示、登载前必须将地图送国家主管部门审核。

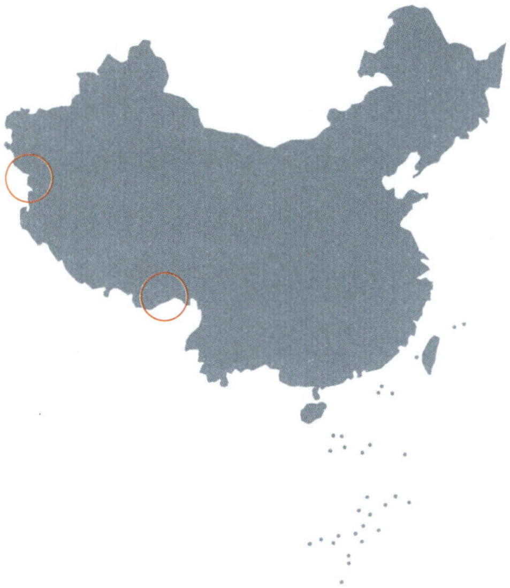

在中国地图中，国界线一定要按照标准国界线画法绘制。红圈处的国界线是国界线中最容易被绘制错误的两处

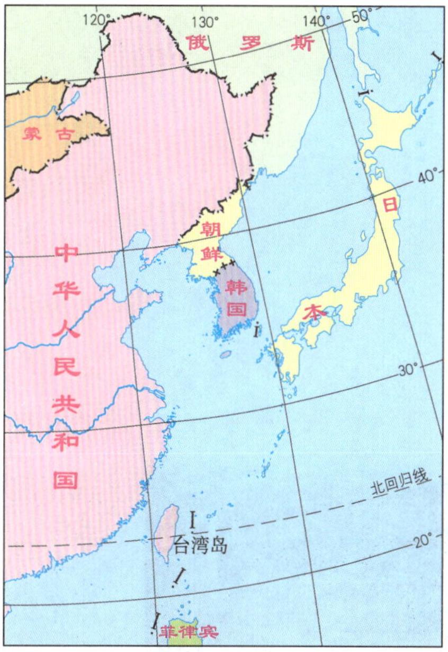

在分国设色的地图上，台湾岛应与我国大陆同色，同时不能出现与国名字体相同的“台湾”注记

知识小窗

严禁互联网使用“问题地图”

● 互联网地图服务单位必须规范

互联网地图服务单位应当依法取得相应的互联网服务测绘资质，并在资质许可的范围内提供互联网地图服务。

● 互联网地图编制必须规范

互联网地图的编制（包括编辑加工、格式转换、质量测评）、更新等活动，必须由取得相应电子地图编制或者导航电子地图制作专业范围测绘资质的单位承担。编制、更新互联网地图，必须遵守《公开地图内容表示若干规定》等有关的地图管理规定。

自觉维护祖国版图尊严

我国非常重视地图的正确绘制和使用，从地图的编制，到地图产品的加工、地图的审核管理，再到地图的正确使用，制定了一套完整的管理办法。在日常生活中，我们应使用通过国家相关部门审核批准的正确地图。中华人民共和国自然资源部测绘地理信息管理部门和省级测绘地理信息行政主管部门网站都提供了可免费下载的标准地图，若个人需要地图，也可向具有测绘资质的地图编制单位定制。

国家版图知识示范教育活动

维护国家版图尊严是每个公民应尽的义务。因此，每个公民都应了解国家关于地图编制出版的法规，学习基本的地图知识，增强国家版图意识，使用经过国家主管部门审核批准的地图。

◎维护祖国版图尊严是爱国主义教育的需要

国家版图意识主要指公民对国家疆域的认知、认同和自觉维护的意识。维护国家版图尊严的意识教育同国旗、国徽、国歌意识教育一样，是爱国主义教育的重要内容，具有非常重要的意义。加强公民维护国家版图尊严的意识教育，普及地图知识，引导公民自觉抵制存在政治性问题的地图，是地图管理部门的责任和义务。

国家版图知识竞赛

◎维护祖国版图尊严是捍卫国家主权的需要

党中央、国务院多次作出重要指示，要进一步加强地图管理工作。我们一定要认真学习、深刻领会精神，本着对国家主权、民族尊严和人民群众切身利益负责的态度，充分认识加强维护国家版图尊严意识宣传教育的重要意义，全面提高全民的国家主权意识。

◎维护祖国版图尊严是地图市场发展的基础

地图体现了国家对管辖疆域的主张，具有政治性、科学性和法定性。抓好维护国家版图尊严意识的宣传教育，提高全民的国家版图意识，杜绝有损我国主权和领土完整的地图的出版、展示、登载和销售，对促进我国地图市场健康发展具有重要意义。

国家版图知识宣传教育活动

◎维护祖国版图尊严是地理信息发展的需要

随着地理信息产业的迅猛发展，社会大众和部门单位对测绘市场、地图市场、导航定位市场、地理信息系统市场的需求非常旺盛，各种载体和各种表现形式的地理信息产品也日益丰富。各类地理信息产品通常的表现形式都是地图，加强对地图编制出版者和地图使用者维护国家版图尊严意识的宣传教育，是地理信息产业发展战略的基本要求，是地理信息安全保密措施的需要，是地理信息产业依法、健康发展的前提和基础。

开展维护国家版图尊严意识的宣传教育，管理部门是推动宣传教育的实施者，各企事业单位和从事地图编制、出版者，是宣传教育的重要对象。相关部门要集中开展国家版图的学习培训，提高依法开展地图管理、编制、出版活动的观念意识和技术水平，为创造健康良好的地图市场共同努力。

国家版图知识学习

拓展延伸

与国家版图相关的法律法规文件

目前与国家版图相关的主要法律法规文件有：

《中华人民共和国测绘法》，全国人民代表大会常务委员会修订，自 2017 年 7 月 1 日起施行。

《地图管理条例》，国务院制定，自 2016 年 1 月 1 日起施行。

《地图审核管理规定》，国土资源部制定，自 2018 年 1 月 1 日起施行，2019 年 7 月 24 日发布修订版。

《公开地图内容表示若干规定》，国家测绘局 2003 年 5 月 9 日发布。

《公开地图内容表示补充规定（试行）》，国家测绘局 2009 年 1 月 23 日发布。

《地图管理条例》（节选）

在地图上绘制中华人民共和国国界、中国历史疆界、世界各国间边界、世界各国间历史疆界，应当遵守下列规定：

（一）中华人民共和国国界，按照中国国界线画法标准样图绘制；

（二）中国历史疆界，依据有关历史资料，按照实际历史疆界绘制；

（三）世界各国间边界，按照世界各国国界线画法参考样图绘制；

（四）世界各国间历史疆界，依据有关历史资料，按照实际历史疆界绘制。

中国国界线画法标准样图、世界各国国界线画法参考样图，由外交部和国务院测绘地理信息行政主管部门拟订，报国务院批准后公布。

第二节 正确绘制祖国版图

我们在日常生活中有时会发现带有严重政治性问题的地图，有的将我国版图随意变形，有的错绘我国行政区域界线等。作为地图的使用者，我们应该了解国家关于版图绘制的依据、基本要点及要求，学习基本的地图知识，增强国家版图意识。

祖国边界线的绘制依据

国界线画法依据说明示例

本图中国国界线系按照中国地图出版社 1989 年出版的 1:400 万《中华人民共和国地形图》绘制

凡编制出版公开地图，按照规定应注明地图上国界线画法的依据资料及其来源。按相关规定：在地图上绘制中华人民共和国国界线，应按照中华人民共和国同有关邻国签订的边界条约、协定、议定书及其附图绘制；尚未同有关邻国签订边界条约的界段，按照中华人民共和国地图的国界线画法标准样图绘制。但在实际的地图出版物中，一般在版权页上标注：本图（书）中国国界系按照中国地图出版社 1989 年出版的 1:400 万《中华人民共和国地形图》绘制。

祖国版图的绘制要点

在用地图表示的中国版图上，必须表示出南海诸岛、钓鱼岛、赤尾屿等重要岛屿，并用相应的符号绘出南海断续线（习惯称为“九段线”）。表示方法可以是把中国疆域作为一个整体来表示，或者配《南海诸岛》附图表示。

把中国疆域作为一个整体表示的中国地图

完整的中国版图由我国大陆、沿海岛屿及濒临的海域组成。北边绘出黑龙江省漠河县北端的黑龙江主航道中心线；南边绘出曾母暗沙；西边绘出帕米尔高原；东边绘出黑龙江与乌苏里江主航道中心线汇合处。

南海诸岛作为附图表示的中国地图，附图中北边绘出中国陆地和部分台湾岛；南边绘出加里曼丹岛上印度尼西亚与马来西亚间的全部界线；西边绘出越南首都河内；东边绘出菲律宾首都马尼拉。

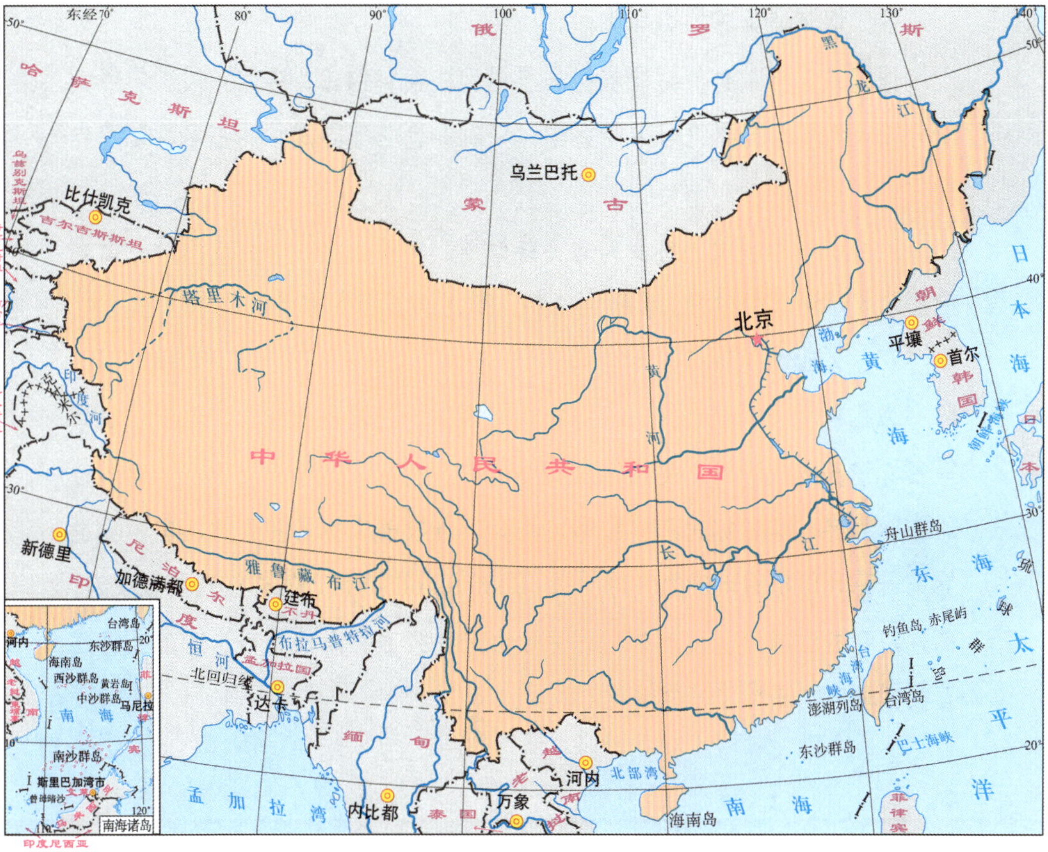

把南海诸岛作为附图表示的中国地图

在绘制我国版图的陆地边界时，注意处理好国界线与山脊线之间的关系，位于国界上的山峰、山口符号的定位要准确。在绘制我国版图的海上边界时，要注意南海断续线和台湾岛东部国界线的位置。

知识小窗

我国边界线绘制要求（摘选）

国家之间的边界线主要分三类：以山脉、河流等自然要素为界；以民族、宗教、战争等人文因素为界；以经线、纬线等几何要素为界。我国的边界线多处是以山脉、河流为界，在实际绘制过程中要严格按照要求进行。

一、以河流为界的边界线

以河流为界的边界线国界符号要沿河跳绘。例如，中俄东段国界线大部分以河为界，国界符号沿河跳绘；兴凯湖是中俄界湖，湖泊名称要跨界标注。

流经两国的河流名称要跨边界线标注。例如，流经中国和哈萨克斯坦的额尔齐斯河、伊犁河、额敏河、特克斯河的河流名称要跨边界标注。

二、以山脉为界的边界线

以山脉为界的边界线，山脉名称要跨界标注，边界线上的山峰、山口等名称注在我国境内，高程注在我国境外。例如，我国和尼泊尔以喜马拉雅山脉为界，其名称跨边界线标注；其中分段的山脉名注在我国境内。世界第一高峰珠穆朗玛峰为中尼界峰，海拔 8844.43 米，名称注在我国境内，高程注在我国境外。中国和哈萨克斯坦边界线上界峰汗腾格里峰的名称注在我国境内，高程注在我国境外。

拓展延伸

手绘我国轮廓示意图

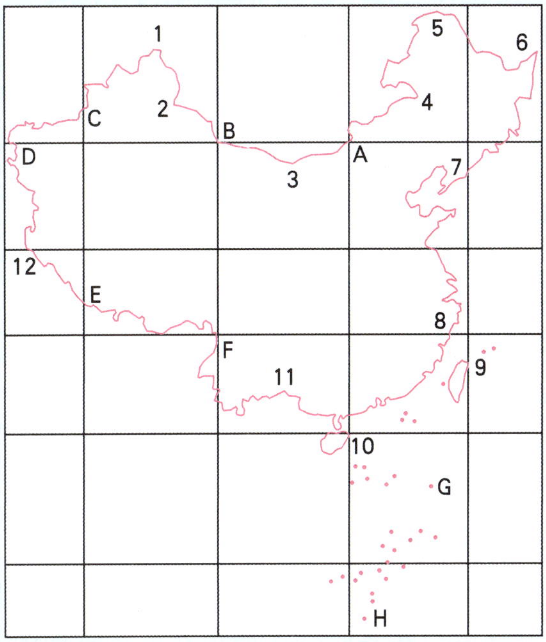

图 1

根据图 1，在图 2 中完成我国轮廓示意图的绘制。

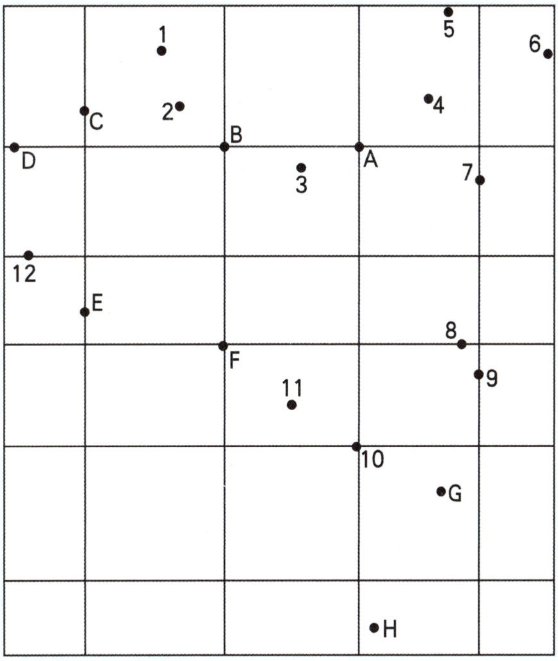

图 2

第三节 正确表示祖国版图

我们时常会在马路上见到贴有引人注目的中国地图的汽车、穿着绘有中国示意图T恤的青年，这些地图图形表达着人们的爱国之心。但是，仔细观察这些地图，就会发现部分地图存在缺少南海诸岛或钓鱼岛等问题。这些问题严重损害祖国版图的尊严，因此，学会如何正确表示祖国版图至关重要。

重要岛屿的正确表示

◎南海诸岛的正确表示

海南省全图，其图幅范围必须包括南海诸岛。南海诸岛既可以包括在全图内，也可以作附图。以单幅地图表示南海诸岛时，应配置一幅《南海诸岛在中国的地理位置》图作附图。因东沙群岛属广东省管辖，所以在广东省地图上必须包括东沙群岛。

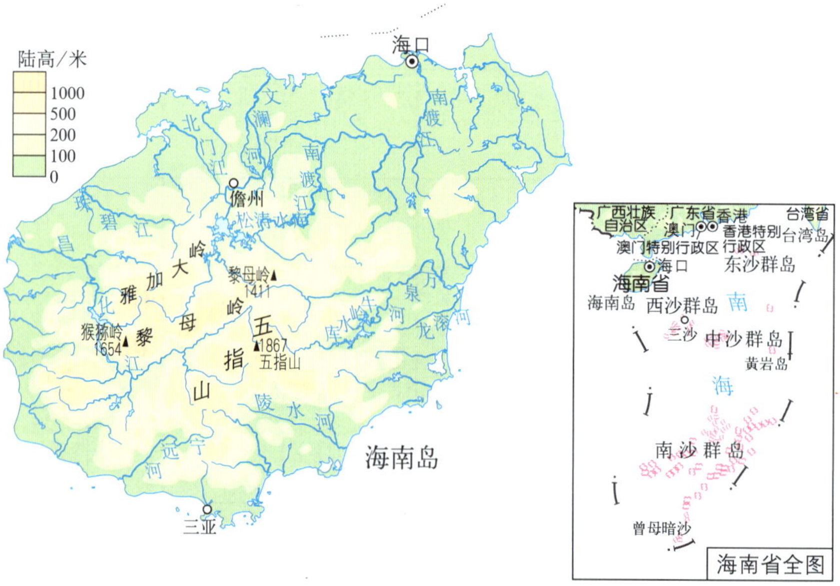

海南省全图必须包括南海诸岛

海南省全图

广东省地图应绘出东沙群岛

广东省示意图

南海诸岛作为海南省地图的附图时，附图名称为“海南省全图”；作为中国全图的附图时，一律称“南海诸岛”。

在专题地图上，南海诸岛作为附图时，在正图上表示了某种专题内容，附图相应位置也要表示同样的专题内容，不得省略。

一般情况下，东沙、西沙、中沙、南沙四群岛以及曾母暗沙、黄岩岛必须表示并注名称。比例尺大于1:4 000 000的地图，黄岩岛应括注民主礁，即黄岩岛（民主礁）。比例尺过小时，可只画岛礁符号，不注岛礁名称。

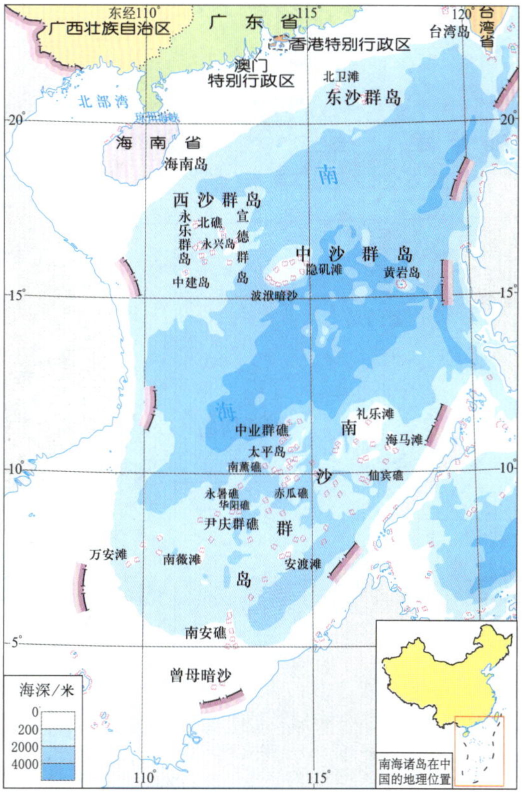

南海诸岛地图

南海诸岛与大陆同时表示时，中国国名注在大陆上，南海诸岛范围内不注国名，不在岛屿名称下面括注“中国”字样。在不出现中国大陆的南海诸岛局部地图上，在各群岛和曾母暗沙、黄岩岛等名称下括注“中国”字样。

钓鱼岛及其附属岛屿在地图上的名称应按照我国的名称标注。

◎钓鱼岛及其附属岛屿的正确表示

在台湾省地图上，必须绘出钓鱼岛及其附属岛屿。钓鱼岛及其附属岛屿可以包括在台湾省全图中，也可以作附图来反映出它们与台湾岛的位置关系。

在中国地图上必须表示钓鱼岛、赤尾屿等岛屿。在小比例尺地图上一般以点状符号表示这些岛屿的正确位置，在稍大比例尺的地图上除正确表示其位置外，还应注明“钓鱼岛”“赤尾屿”。

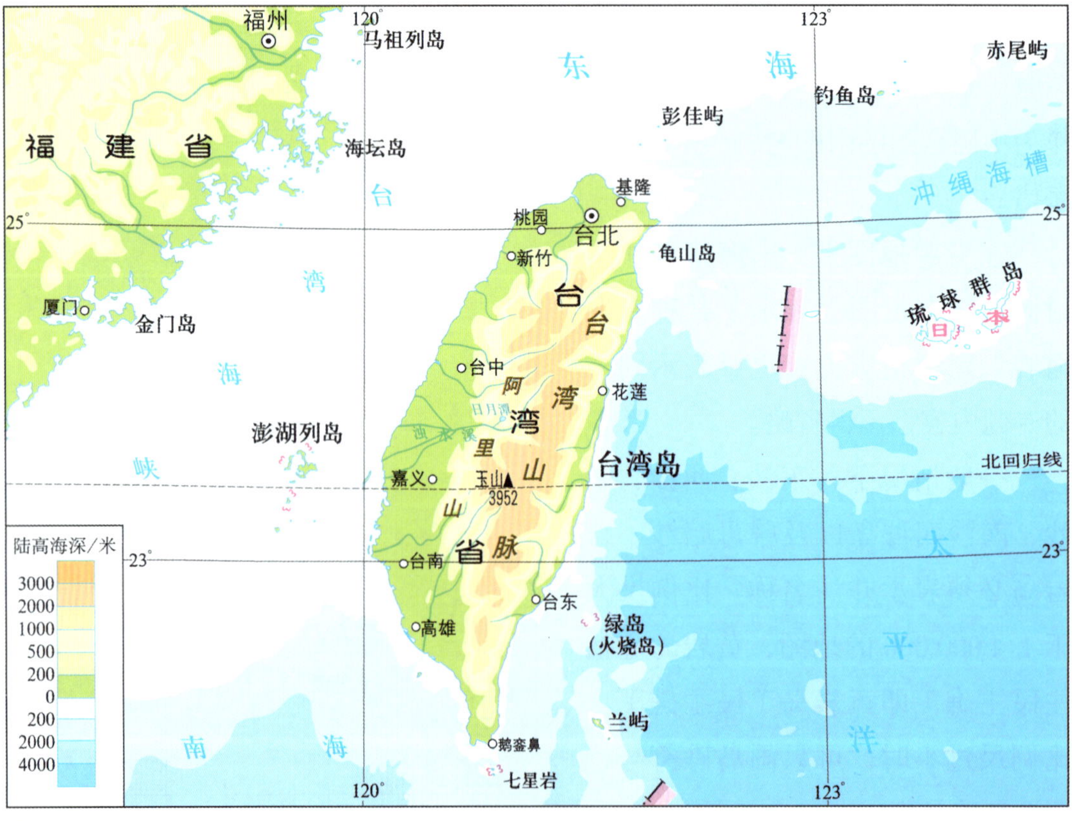

台湾省地图

知识小窗

钓鱼岛及其附属岛屿地图的出版发行

2012 年 9 月 18 日，我国迄今为止最详尽、最精确的《中华人民共和国钓鱼岛及其附属岛屿》地图编制完成，由中国地图出版社出版发行。

用最新的数据和影像资料、最新的测绘地理信息技术编制的这幅钓鱼岛及其附属岛屿地图，完整表示了钓鱼岛及其附属岛屿与祖国大陆及台湾岛的位置关系。钓鱼岛位于我国东海的大陆架上，处于台湾岛的东北方向，距离台湾省基隆市约 190 千米，距离浙江省温州市约 356 千米。《钓鱼岛、黄尾屿、南小岛、北小岛、南屿、北屿、飞屿领海基线》(1:250 000) 和《赤尾屿领海基线》(1:250 000) 图上赫然在目的红线是我国公布的钓鱼岛及其附属岛屿的领海基线。《钓鱼岛及周边岛屿》(1:25 000)、《黄尾屿及周边岛屿》(1:13 000)、《赤尾屿及周边岛屿》(1:6000) 3 幅影像地图将国家公布的钓鱼岛及其部分附属岛屿一一标绘，岛上地貌清晰可辨。地图旁附有岛屿标准名称、地理坐标。

编制出版的钓鱼岛及其附属岛屿地图，对于彰显我国政治外交立场、维护钓鱼岛及其附属岛屿的神圣主权具有十分重要的意义。这份宣示主权意志的地图首批印刷了 5 万份，刚一面世便受到社会各界的强烈关注。

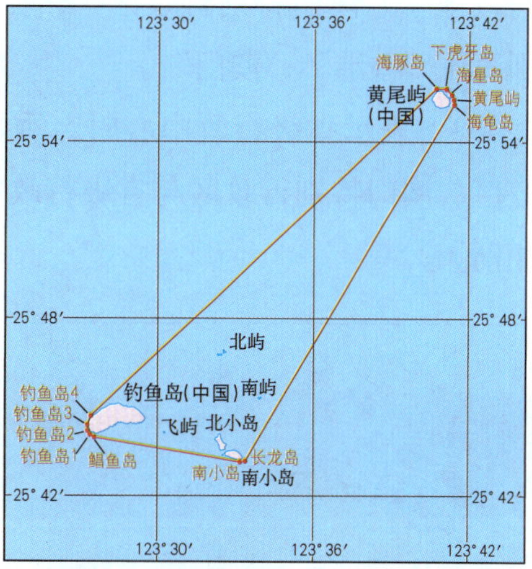

钓鱼岛、黄尾屿、南小岛、北小岛、南屿、北屿、飞屿领海基线图

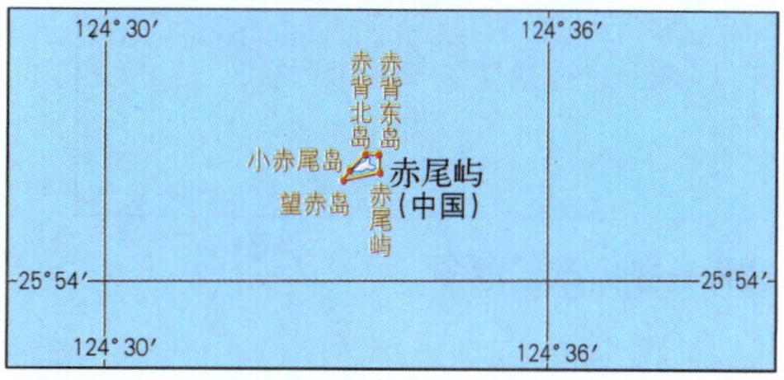

赤尾屿领海基线图

香港和澳门的正确表示

国务院在 1997 年和 1999 年先后公布了《中华人民共和国香港特别行政区行政区域图》和《中华人民共和国澳门特别行政区行政区域图》。在地图上表示香港特别行政区界线、澳门特别行政区地图内容时应分别以这两幅地图为准。

（1）在分省设色的地图上，香港、澳门界内的陆地部分要单独设色。比例尺等于或小于 1:6 000 000 时，可在澳门符号内设色。特别行政区界线采用长短交替的线段绘制。

（2）香港特别行政区、澳门特别行政区图面注记应分别注全称“香港特别行政区”“澳门特别行政区”；比例尺等于或小于 1:6 000 000 的地图上可分别简注“香港”“澳门”。

（3）表示省级行政中心时，香港特别行政区、澳门特别行政区与省级行政中心等级相同。

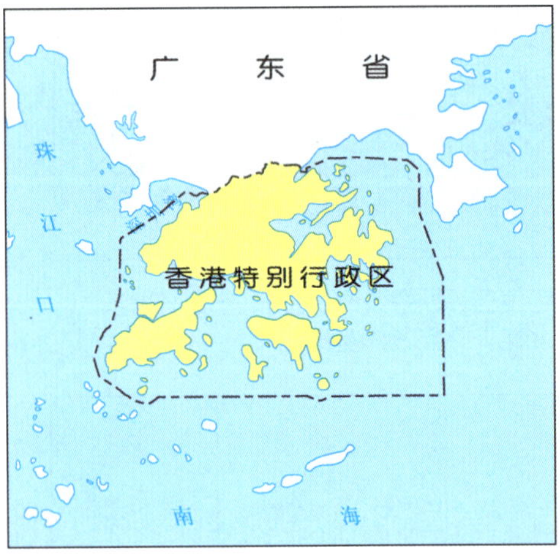

香港特别行政区地图

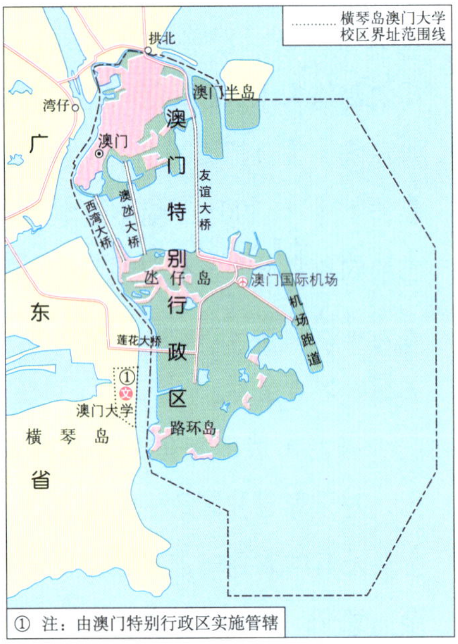

澳门特别行政区地图

台湾省的正确表示

台湾省是我国省级行政区域单位，台湾省在地图上应按省级行政区域单位表示，台北市作为省级行政中心表示（图例中注省级行政中心）。在分省设色的地图上，台湾省要单独设色。

台湾省地图

台湾省地图的图幅范围，必须绘出钓鱼岛和赤尾屿（以“台湾岛”命名的地图除外）。钓鱼岛和赤尾屿既可以包括在台湾省全图中，也可以用台湾本岛与钓鱼岛、赤尾屿的地理关系作插图反映。台湾省挂图，必须反映台湾岛与中国大陆之间的地理关系或配置相应的插图。

专题地图上，台湾省应与中国大陆一样表示相应的专题内容。台湾省的资料不具备时，必须在地图的适当位置注明“台湾省资料暂缺”的字样。

拓展延伸

现存较早的手绘台湾地图——《台湾地理全图》

中国国家图书馆馆藏《台湾地理全图》，是清乾隆年间采用中国传统的山水画法绘制的纸本台湾地图。《台湾地理全图》为现存较早手绘的台湾地图之一，是研究台湾历史、地理、交通以及中国地图学发展史的珍贵史料。该图卷轴装，图中方位上东下西，遵循“陆在上，海在下”的原则，其视角是从大陆看台湾。

该图所绘范围北起台湾岛北端的鸡笼山和鸡笼城（今基隆市），南至台湾岛南端的沙马矶头山（今恒春半岛南端），东抵阿里山等山川，西达澎湖列岛。

图中用红色方框注明各县衙署、社里、河流、坛庙、港口、水汛等名称，以此表示各自的地理位置。山地采用重彩形象绘画，高峰连绵，峰峦叠错，充分展现了台湾宝岛的名山雄姿。海水用大波浪花纹表示，自然流畅，气势宏伟壮观。台湾岛地形东高西低，以“澎湖为门户，鹿耳为咽喉，七鲲身毗连环护”。图中形象地绘出澎湖、鹿耳门和七鲲身。图中澎湖诸岛都标注了名称，十分详尽，地理位置也比较准确。

第五章　捍卫国家主权——维护版图尊严

第一节　国家主权与领土完整

国家主权是一个国家固有的不受别国干涉、自主处理国内事务的权力。主权是一个国家最高的权力和尊严，是不可分割且独立行使的。主权国家的基本权利有管辖权、独立权、自卫权、平等权等。国与国之间的交往，首先必须互相尊重主权和领土完整。

清代至近代我国领土变迁

◎中俄《尼布楚条约》确立边界

1689 年，清政府与沙俄谈判签订的《尼布楚条约》是我国历史上与外国签订的第一个边界条约。根据条约规定，中俄两国东段边界以外兴安岭至海、格尔必齐河和额尔古纳河为界。其中，将外兴安岭与乌第河之间作为待议区。为了抵制沙俄在北方蒙古地区的扩张，清政府要求与沙俄谈判北部边界的划分。经两年谈判，1727 年 9 月，中俄签订《布连斯奇条约》。

虽然清政府在签订《尼布楚条约》和《布连斯奇条约》时作出让步，但这两个条约确立了近代意义上的中国东北和北部边界，遏制了沙俄对中国领土的侵略。

◎鸦片战争期间的国土变迁

1842 年 8 月，清政府被迫与英国签订了近代中国历史上第一个不平等条约《南京条约》，次年，两国又签订了《五口通商章程》和《虎门条约》。英国通过上述条约，不仅获取了通商权益，而且强行割占了香港岛。

沙俄于1858年迫使清朝黑龙江将军奕山签订了《瑷珲条约》，将黑龙江以北、外兴安岭以南60多万平方千米的中国领土划归俄国，乌苏里江以东的中国领土划为中俄"共管"。当时清政府拒绝批准。1860年，沙俄又迫使清政府签订了《北京条约》，确定将黑龙江以北和乌苏里江以东包括库页岛在内的40万平方千米的中国领土强行划归俄国；并且迫使清政府承认《瑷珲条约》。与《尼布楚条约》相比，《北京条约》关于中俄东段边界的划分使中国丧失了约100万平方千米的领土。

1860年签订的中俄《北京条约》中规定中俄西段边界，自沙滨达巴哈起经斋桑淖尔（今斋桑泊）、特穆尔图淖尔（今伊塞克湖）至浩罕边界，"顺山岭、大河之流及现在中国常驻卡伦等处"为界。1864年，沙俄强迫清政府签订《勘分西北界约记》。与《乾隆内府舆图》（1770年）标示的清西北疆域相比，这一不平等条约将总面积约44万平方千米的中国西部领土割给俄国。

◎列强侵犯引发边疆危机

1871年，沙俄利用中亚浩罕汗国阿古柏入侵新疆所造成的混乱局面，出兵侵占伊犁，由此形成我国西北边疆危机。1878年，左宗棠收复新疆大部，唯有伊犁一处为沙俄强占，清政府为此与沙俄展开了长达4年的交收谈判。根据

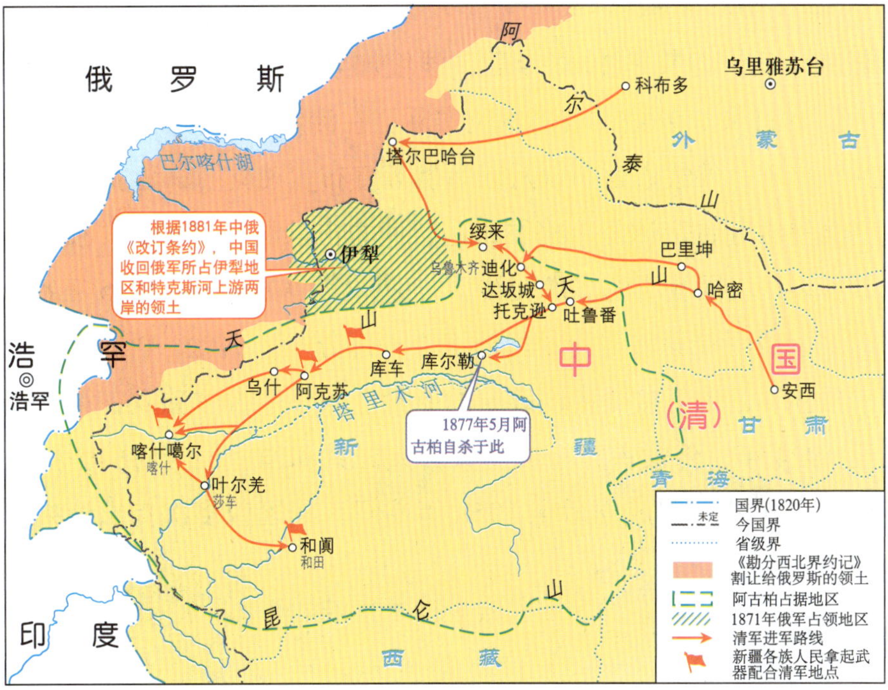

左宗棠收复新疆

1881 年签订的《改订条约》，俄方虽然将伊犁还给了中国，但沙俄又割占了中国西部约 7 万平方千米的领土，同时留下了 2 万多平方千米的帕米尔待议区。

1874 年，日本出兵侵犯台湾，与台湾当地居民交战，东南边疆告急。同年 10 月，经过一番外交斗争后，中日签订《北京专约》。清政府支付巨额赔款，日军自台湾撤出。

1888 年，英军大举进犯西藏边境要塞隆吐山，发动第一次侵藏战争。西藏人民多次奋起，组织反击，但未阻挡住英军的进攻。1890 年，中英签订《藏印条约》，条约为英国进一步侵略西藏铺平了道路。

1900 年，沙俄利用八国联军侵华之机，血洗海兰泡，并出兵强占了江东六十四屯。

1903—1904 年，英军通过第二次侵藏战争迫使西藏地方政府与英签订《拉萨条约》。《拉萨条约》严重损害了中国的主权和领土完整，遭到全国人民，尤其是藏族人民的坚决反对。清政府拒绝签字，并派代表与英国重新交涉。在我国举国上下一致反对的情况下，随后签订的《续订藏印条约》中，英国又不得不重新承认我国对西藏的主权。之后，英国改变了侵略手段，由直接军事侵略改为拉拢西藏上层，妄图从内部策划把西藏从中国分裂出去。

◎中华民国时期的边疆问题

日俄战争后，尤其是 1907 年后，沙俄加紧了在我国蒙古地区的渗透和侵略活动。至 1911 年，外蒙古首府库伦实际已在沙俄武装的控制下。同年 12 月，在沙俄的扶持下，外蒙古哲布尊丹巴活佛等宣布“独立”，建立“大蒙古国”，继而迫使乌里雅苏台定边左副将军出逃，武力占领科布多城，“独立”扩大到整个外蒙古。在我国政府的多次交涉下，中、俄、蒙三方于 1915 年签订了《中俄蒙协约》，载明外蒙古“为中国领土之一部分”。据此，哲布尊丹巴活佛宣布取消“独立”，重新接受中国政府的册封。但外蒙古“独立”策划仍在不断运作，至 1924 年，外蒙古宣布成立蒙古人民共和国，但当时的中国政府未予承认。中华人民共和国成立后至 1958 年期间，我国曾多次提出谈判以解决外蒙古问题。

1914 年，俄出兵侵占唐努乌梁海。1919 年，唐努乌梁海又被我国收复。1921 年，唐努乌梁海宣布“独立”，成立了“唐努图瓦共和国”，并于 1944 被纳入苏联。

1945 年 9 月，第二次世界大战结束，中华民国政府利用战胜国的地位，根据同盟国在战时发表的《开罗宣言》和《波茨坦公告》，要求“日本所窃取于中国之领土，例如东北四省、台湾、澎湖群岛等，归还中华民国；其他日本以武力或贪欲所攫取之土地，亦务将日本驱逐出境”“开罗宣言之条件必将实施，而日本之主权必将限于本州、北海道、九州、四国及吾人所决定其可以领有之小岛在内”。但之后作为同盟国的美国和苏联却开始了冷战，在此期间，美国放松对日本的限制，转而对日本采取扶持政策。此后，日本不断制造各种事端，妄图证明拥有钓鱼岛的领土主权。

我国在 1949 年以后对国家主权与领土的维护

1949 年中华人民共和国成立，清除了帝国主义在中国的残余势力，取缔了帝国主义在中国的一切特权，巩固了中国的独立和主权。

1956 年，我国收回了苏联对于大连、旅顺的控制权和东北铁路权。1960 年，我国通过《中缅边界条约》收回了片马地区，以及班洪、班老等领土，扩大了实际边界控制范围。同年，我国收回了长白山部分地区，改变了中朝所有边境地带由朝鲜实际控制的不利局面。1962 年，我国收复印度侵占的西线部分领土，保障了新疆与西藏的联系。1974 年和 1988 年，我国先后控制了西沙群岛和南沙群岛，挫败了越南的非法侵占图谋。1995 年和 2012 年，我国分别收回了被菲律宾侵占的美济礁和黄岩岛。1997 年和 1999 年，我国分别与英国和葡萄牙进行政权交接，恢复对香港和澳门的行使主权。1999 年、2004 年和 2011 年，通过签订协议，我国从吉尔吉斯斯坦、俄罗斯和塔吉克斯坦等国收回了部分领土。

1997 年香港政权交接仪式

划设东海防空识别区

防空识别区，是一国基于空中防御的需要，在其领空以外划定的与其领空毗连的特定空域。美国认为携带核弹的苏联远程战略轰炸机将对美国本土构成严重威胁，因此于1950年划设了世界上第一个防空识别区，以识别、监视、管制和处置进入该空域的航空器，增加空防预警时间。发展至今，世界上已有20多个国家设有防空识别区。

当前，我国东海海域内时常有外国军用航空器的活动，东海海域的空中安全形势不容乐观，亟待加强有效管控。在此背景下，我国国家安全委员会于2013年11月正式成立。11天后，我国国防部正式宣布划设中国东海防空识别区，我国空军随即出动侦察机在该空域内进行了首次巡逻，多型战斗机和预警机实施支援掩护和指挥保障。

根据我国政府关于划设东海防空识别区的声明，位于东海防空识别区飞行的航空器，必须提供以下识别方式：飞行计划识别、无线电识别、应答机识别、标志识别。位于东海防空识别区飞行的航空器，应当服从东海防空识别区管理

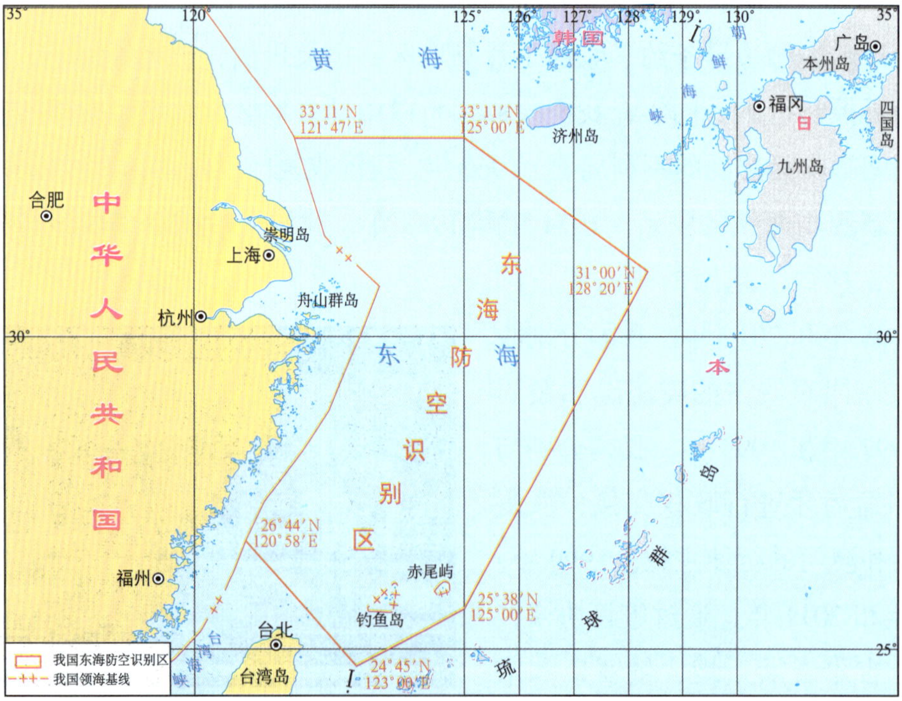

中国东海防空识别区

机构或其授权单位的指令。对于不配合识别或者拒不服从指令的航空器，我国武装力量将采取防御性紧急处置措施。

我国一贯尊重各国依国际法享有的飞越自由，东海防空识别区的设立并不意味着我国领空的扩大，也不意味着我国主权向外延伸，不改变有关空域的法律性质。国际航班在我国东海防空识别区内的正常飞行活动，不会受到任何影响。

我国政府按照国际通行做法划设东海防空识别区，目的是捍卫国家主权和领土领空安全，维护空中飞行秩序。我国东海防空识别区的划设，得到了广大相关国家和地区的理解和认同。东海防空识别区公布仅 10 天后，就有多个国家和地区的几十家航空公司向我国通报了飞行计划，并遵守了识别区的相关规则。这一举动有效承认了我国划设东海防空识别区的效力。

日本因为我国东海防空识别区与其防空识别区存在较大的重叠区域，特别是重叠区域包括了钓鱼岛，而对我国表达了反对意见。日本两大航空公司原计划向我国政府递交飞行计划书，以响应防空识别区的划设，但日本政府紧急予以叫停，要求日本几大航空公司不要服从中国防空识别区规定，放弃向我国递交飞行计划等报备举动。日本领导人还称，日方会和美国政府和国际社会一道要求中方撤回东海防空识别区。针对日本方面的行为，我国国防部表示，日本早在 1969 年就设立并公布实施了防空识别区，“如果要撤回的话，那么我们就请日方先撤回自己的防空识别区，中方可以在 44 年以后再作考虑”。

韩国政府于 2013 年 12 月，趁机扩大了于 1951 年设立的防空识别区，将其延伸至韩国马罗岛和红岛南部的领空，并且覆盖了苏岩礁水域上空。为减少摩擦，韩国政府事先数次通过国防和外交两种渠道向中、美、日等国作了有关此次防空识别区覆盖范围扩大的详细说明。对此，我国外交部表示，防空识别区不是领空，而是一国在领空外的公共空域划设的识别和预警范围，与海空管辖权无关。韩方扩大防空识别区的做法，应符合国际法和国际惯例。中方愿本着平等和相互尊重的原则与韩方保持沟通。

美国是最早划设防空识别区的国家，日本和韩国的防空识别区也是在美国的主导下设立的。此后，日本的防空识别区还多次扩大，如今日本划设的防空识别区与中国东海岸最近距离仅有百余千米，甚至将中国的钓鱼岛空域也包括在内，对此美国从未表示任何异议，却唯独不承认中国划设的防空识别区，这

我国空军战机

据美国有线电视新闻网报道：2017年3月，美国一架B-1型轰炸机从关岛空军基地起飞前往韩国执行任务途中，在飞至距韩国济州岛西南方向70海里处时，收到了来自中方的警告，称飞机已经进入中国空域，要求其离开。

上述事件表明，中国军队有能力对中国东海防空识别区实施有效管控，并将根据不同空中威胁采取相应措施，如查证机型、取证、建立通信联系、问询、伴飞和驱离等。

是典型的双重标准，显然站不住脚。关于东海防空识别区，中国的立场是明确的。划设防空识别区是主权国家的正当权利，美方应该尊重其他国家划设防空识别区的权利。

2013年12月12日，韩国政府表示允许韩国各航空公司向中国递交飞行计划书，这使日本政府陷入了孤立的态势。当天，日本相关部门改称，从飞行安全的角度考虑，将允许日本各航空公司在是否需要向我国递交飞行计划书的问题上自由作出选择。这意味着中国东海防空识别区的设立在周边地区所引起的喧嚣暂告一段落。

东海防空识别区的划设，可以强化防御空间，维护我国海空安全。一方面，识别区有助于我国尽早识别、判断意图不明、国籍不明的航空器，尤其是通过对外军航空器及时采取措施消除威胁，将危害损失降到最低限度；另一方面，及时有效的空中管制可以引导该区域内航空器的飞行活动，减少误判和摩擦，维护空中秩序和飞行安全，从而保障各国航空器更好地行使飞越自由。

东海防空识别区的划设，能够确保发展重要地带，维护国家经济安全。东部沿海地区是我国人口密度、城市密度、经济密度最大的区域，在此区域划设防空识别区，可以减轻外部力量对我国的安全威胁。

东海防空识别区的划设，可以有效应对岛屿纷争，将更有利于我国维护钓鱼岛的主权。东海防空识别区的划设，体现了我国政府捍卫国家领土领空主权和安全的坚定决心和坚强意志。

拓展延伸

关于中国划设东海防空识别区的报道

记者：中国政府划设东海防空识别区有何依据？

国防部新闻发言人：中国政府划设东海防空识别区既有充分法律依据，也符合国际通行做法。20 世纪 50 年代以来，包括一些大国和中国周边部分国家在内的 20 多个国家先后设立了防空识别区。中方的有关做法符合《联合国宪章》等国际法和国际惯例。《中华人民共和国国防法》《中华人民共和国民用航空法》《中华人民共和国飞行基本规则》等国内法规对维护国家领土领空安全和空中飞行秩序作出明确规定。

记者：东海防空识别区范围是如何确定的？为什么防空识别区距离有的国家本土最近约 130 千米？

国防部新闻发言人：东海防空识别区的范围，是根据国家空防需求和维护空中飞行秩序需要确定的。防空识别区最东端距离中国依然最近，作战飞机自该点很快就能抵达中国领空。中方有必要从该点开始对航空器进行识别，判明其意图和属性，为采取相应处置措施留出预警时间，保卫空防安全。而且，相关国家早在 1969 年就公布实施了防空识别区，其距离中国大陆最近处也约为 130 千米。

2013 年 11 月 23 日，国防部发布：中华人民共和国政府根据 1997 年 3 月 14 日《中华人民共和国国防法》、1995 年 10 月 30 日《中华人民共和国民用航空法》和 2001 年 7 月 27 日《中华人民共和国飞行基本规则》，宣布划设东海防空识别区。具体范围为以下 6 点连线与我领海基线之间的空域范围：

北纬 33°11'、东经 121°47'，北纬 33°11'、东经 125°00'，
北纬 31°00'、东经 128°20'，北纬 25°38'、东经 125°00'，
北纬 24°45'、东经 123°00'，北纬 26°44'、东经 120°58'。

第二节 钓鱼岛及其附属岛屿

钓鱼岛及其附属岛屿，位于北纬 25°40'~26°00'，东经 123°20'~124°40' 之间的海域，由钓鱼岛（主岛）、黄尾屿、赤尾屿、南小岛、北小岛、南屿、北屿、飞屿等岛礁组成，总面积约 5.69 平方千米。钓鱼岛及其附属岛屿属我国台湾省管辖，是我国的固有领土。

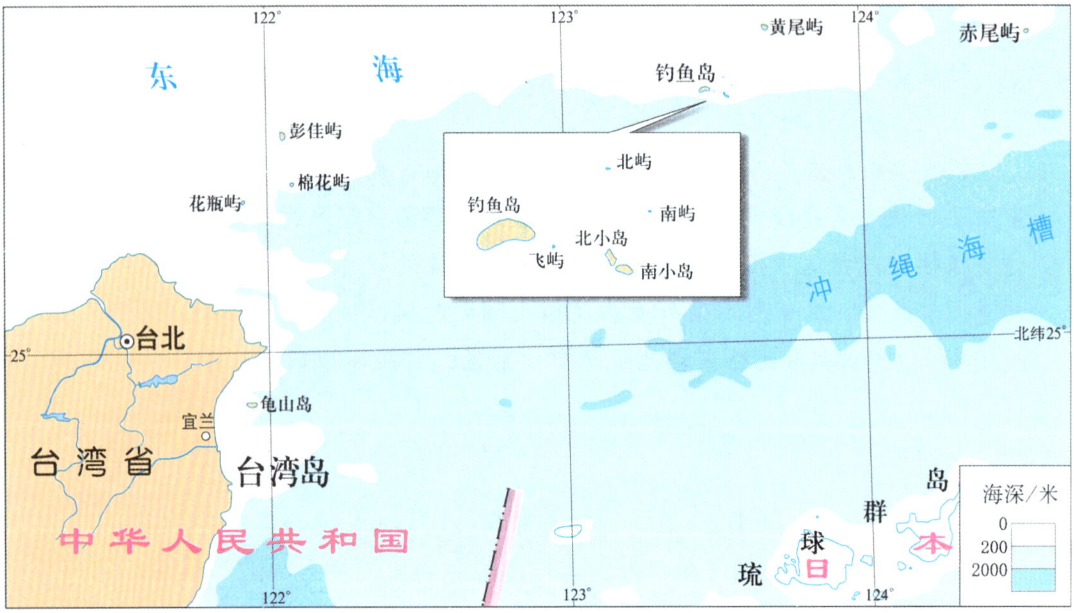

中国钓鱼岛及其附属岛屿

钓鱼岛的历史归属

钓鱼岛及其附属岛屿自古以来就是我国的固有领土，我国对此拥有充分的历史和法律依据。根据国际法中先占先得的原则，早在明代，中国人就已经发现并命名了钓鱼岛；根据实际管辖原则，自那时起中央政府就已将钓鱼岛纳入海防范围；从《大陆架公约》来看，钓鱼岛位于东海大陆架上，在大陆架外部界限之内，毫无疑问属于中国。

◎中国最先发现、命名和利用钓鱼岛

中国最先发现、命名并利用钓鱼岛及其附属岛屿。目前所见最早记载钓鱼岛、赤尾屿等地名的史籍，是成书于1403年(明永乐元年)的《顺风相送》。该书对钓鱼岛的名称做了十分清晰的记录，表明最晚在14—15世纪时，中国人就已经发现并命名了钓鱼岛。这比日本人发现钓鱼岛要早500多年。

1372年（明洪武五年），琉球国王向明朝朝贡，明太祖遣册封使前往琉球。至1866年（清同治五年）近500年间，明清两代朝廷先后24次派遣使臣前往琉球王国册封，钓鱼岛是册封使前往琉球的途经之地，有关钓鱼岛的记载大量出现在中国使臣撰写的报告中。如陈侃所著《使琉球录》（1534年）、郭汝霖所著《使琉球录》（1562年）、徐葆光所著《中山传信录》（1719年）、李鼎元所著《使琉球记》（1800年）、齐鲲和费锡章所著《续琉球国志略》（1808年）等。其中《中山传信录》中明确记载从福建到琉球，经花瓶屿、彭佳屿、钓鱼岛、黄尾屿、赤尾屿，“取姑米山（琉球西南方界上镇山）、马齿岛，入琉球那霸港”。

明朝册封副使谢杰所著《琉球录撮要补遗》(1579年)记载“去由沧水入黑水，归由黑水入沧水”。明朝册封使夏子阳所著《使琉球录》(1606年)记载“水离黑入沧，必是中国之界”。清朝册封使汪辑所著《使琉球杂录》（1683年）记载，赤屿之外的“黑水沟”即是“中外之界”。清朝册封副使周煌所著《琉球国志略》（1756年）记载，琉球“海面西距黑水沟，与闽海界”。以上史料清楚记载着钓鱼岛、赤尾屿属于中国，分界线在赤尾屿和久米岛之间的黑水沟（今东海海槽）。

钓鱼岛海域是中国的传统渔场，中国渔民世世代代在该海域从事渔业生产活动。钓鱼岛作为航海标志，在历史上被中国东南沿海民众广泛利用。

◎中国对钓鱼岛实行了长期管辖

明朝时，为防御东南沿海的倭寇，我国将钓鱼岛列入防区。1561年（明嘉靖四十年），明朝驻防东南沿海的最高将领胡宗宪主持、郑若曾编纂的《筹海图编》一书，明确将钓鱼岛等岛屿编入《沿海山沙图》，纳入明朝的海防范围内。1605年(明万历三十三年)徐必达等人绘制的《乾坤一统海防全图》及1621年(明天启元年)茅元仪绘制的中国海防图《武备志·海防二·福建沿海山沙图》，

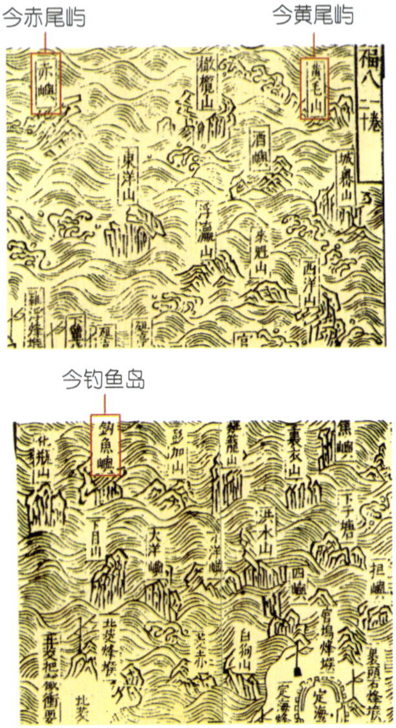

《筹海图编》一书中《沿海山沙图》（局部）中的钓鱼岛（钓鱼屿）

1972 年 10 月，日本京都大学名誉教授井上清出版了《“尖阁”列岛——钓鱼岛的历史剖析》一书。井上清通过广泛考证，证明钓鱼岛自古以来就是中国的领土，不属于琉球王国，更不是日本的领土。

也将钓鱼岛等岛屿划入中国海疆之内。

清朝不仅沿袭了明朝的做法，继续将钓鱼岛等岛屿列入中国海防范围内，而且明确将其置于台湾地方政府的行政管辖之下。清代《台湾府志》《台海使槎录》等官方文献详细记载了对钓鱼岛的管辖情况。1871 年（清同治十年）刊印的陈寿祺等编纂的《重纂福建通志》卷八十六将钓鱼岛列入海防冲要，隶属台湾府噶玛兰厅（今台湾省宜兰县）管辖。1872 年，周懋琦编纂的《全台图说》中也对钓鱼岛进行了描述。

◎外国文献证明钓鱼岛是中国的领土

日本最早记载钓鱼岛的文献为 1785 年林子平所著《三国通览图说》的附图“琉球三省并三十六岛之图”，该图将钓鱼岛列在琉球三十六岛之外，并与中国大陆绘成同色，意指钓鱼岛为中国领土的一部分。

1809 年法国地理学家皮耶·拉比等绘制的《东中国海沿岸各国图》，将钓鱼岛、黄尾屿、赤尾屿绘成与台湾岛相同的颜色。1811 年英国出版的《最新中国地图》、1859 年美国出版的《柯顿的中国》、1877 年英国海军编制的《中国东海沿海自香港至辽东湾海图》等地图，都将钓鱼岛列入中国版图。

此外，1762 年葡萄牙人的《航海针路图》中，明确地标示钓鱼岛及其附属岛屿属于台湾。1816 年伦敦出版的《东印度、中国、澳洲等地航海指南》，对台湾附属岛屿作了明确记载，并标明了各岛的经纬度，其中包括了钓鱼岛。

知识小窗

钓鱼岛及其附属岛屿

钓鱼岛及其附属岛屿位于中国台湾岛的东北部，是台湾岛的附属岛屿，周边水深140~180米。东侧有深达2000多米的冲绳海槽，将其与琉球群岛分隔开。钓鱼岛及其附属岛屿由钓鱼岛（主岛）、黄尾屿、赤尾屿、南小岛、北小岛、南屿、北屿和飞屿等岛礁组成。

钓鱼岛，亦称钓鱼台、钓鱼屿、钓鱼山，位于北纬25°44.6′，东经123°28.4′，长约3641米，宽约1905米，面积约3.91平方千米，最高海拔约362米，地势北部较平坦，东南侧山岩陡峭，东侧岩礁颇似尖塔，中央山脉横贯东西。钓鱼岛盛产山茶、棕榈、仙人掌、海芙蓉等珍贵中药材，栖息着大批海鸟，有“花鸟岛”的美称。钓鱼岛附近海域鱼类资源众多，是中国渔民的传统渔场，此外还拥有丰富的石油和天然气资源。我国现已公布钓鱼岛及其部分附属岛屿的标准名称、汉语拼音和位置描述。

赤尾屿位于钓鱼岛及其附属岛屿的最东端，北纬25°55.3′，东经124°33.5′，形如不规则三角形，距钓鱼岛约110千米，长约484米，宽约194米，面积约0.065平方千米，最高海拔约75米，岛屿主体呈尖塔形。岛屿海岸为基岩海岸，陡崖峻峭，岛屿北侧与西侧多礁石。我国现已公布赤尾屿及其周边部分小岛的标准名称、汉语拼音和位置描述。

钓鱼岛

赤尾屿

日本窃取钓鱼岛行为

日本在明治维新以后加快对外侵略扩张。1879年，日本吞并琉球并改称冲绳县。此后不久，日本便密谋侵占钓鱼岛，并于甲午战争末期将钓鱼岛秘密“编入”版图。随后，日本又迫使中国签订不平等的《马关条约》，割占台湾全岛及包括钓鱼岛在内的所有附属各岛屿。

《马关条约》共11款，并附有《议订专条》3款及《另约》3款。条约中规定：中国割让台湾全岛及所有附属岛屿、澎湖列岛和辽东半岛给日本。

◎日本密谋窃取钓鱼岛

1884年，有日本人声称首次登上钓鱼岛，发现该岛为“无人岛”。日本政府随即对钓鱼岛开展秘密调查，并试图侵占。日本外务省编纂的《日本外交文书》明确记载了日本企图窃取钓鱼岛的经过，相关文件清楚地显示，当时日本政府虽然觊觎钓鱼岛，但完全清楚这些岛屿属于中国，不敢轻举妄动。1894年7月，日本发动甲午战争。同年11月底，日本军队占领中国旅顺口，清朝败局已定。在此背景下，12月日本内务大臣要求将在钓鱼岛建立国标、纳入版图的事提交内阁会议决定。1895年1月，日本内阁秘密通过决议，将钓鱼岛“编入”冲绳县管辖。

签订《马关条约》时的复原场景

1895年4月17日，清朝在甲午战争中战败，被迫与日本签署不平等的《马关条约》，割让台湾全岛及所有附属各岛屿。钓鱼岛等作为台湾附属岛屿一并被割让给日本。

◎美日对钓鱼岛私相授受

波茨坦会议

第二次世界大战后，依据《开罗宣言》《波茨坦公告》和《日本投降书》，钓鱼岛作为台湾的附属岛屿应与台湾一并归还中国。但20世纪50年代，美国擅自将钓鱼岛纳入其托管范围，70年代美国将钓鱼岛“施政权”“归还”日本。美日对钓鱼岛进行私相授受，严重侵犯了中国的领土主权，是非法的、无效的，没有也不能改变钓鱼岛属于中国的事实。

1951年9月8日，美国等一些国家在排除中国的情况下，与日本缔结了“旧金山对日和平条约”（简称“旧金山和约”），规定北纬29°以南的西南诸岛等交由联合国托管，而美国为唯一施政当局。需要指出的是，该条约所确定的交由美国托管的西南诸岛并不包括钓鱼岛。

1953年，美国托管当局依据日本方面的地图发布布告，重新划分了琉球群岛的地界，擅自将钓鱼岛等岛屿划入琉球群岛。1969年，为实现吞并钓鱼岛的妄想，日本冲绳县石垣市在钓鱼岛建立标桩。1970年9月，冲绳政府对外公布了对钓鱼岛的主权宣言。

1971年6月17日，美日签署《关于琉球诸岛及大东诸岛的协定》（简称“归还冲绳协定”），将琉球群岛和钓鱼岛的“施政权”“归还”给日本。海内外中国人对此同声谴责。同年12月30日，中国外交部发表严正声明指出：“美、日两国政府在‘归还’冲绳协定中，把我国钓鱼岛等岛屿列入‘归还区域’，完全是非法的，这丝毫不能改变中华人民共和国对钓鱼岛等岛屿的领土主权。”台湾当局对美日的行为也表示坚决反对。

面对中国政府和人民的强烈反对，美国不得不公开澄清其在钓鱼岛主权归属问题上的立场。1971年10月，美国政府表示，“把原从日本取得的对这些岛

中国海警船巡航钓鱼岛领海

屿的施政权归还给日本，毫不损害有关主权的主张。美国既不能给日本增加在他们将这些岛屿施政权移交给我们之前所拥有的法律权利，也不能因为归还给日本施政权而削弱其他要求者的权利……对此等岛屿的任何争议的要求均为当事者所应彼此解决的事项”。同年 11 月，美国参议院批准“归还冲绳协定”时，美国国务院发表声明称，尽管美国将该群岛的施政权交还日本，但是在中日双方对群岛对抗性的领土主张中，美国将采取中立立场，不偏向于争端中的任何一方。

我国对钓鱼岛及其附属岛屿的坚定维护

钓鱼岛自古以来就是我国的固有领土，有史为凭，有法为据。我国政府对日本非法窃取钓鱼岛的条约和协议从未承认并始终坚持反对。针对日本侵犯我国钓鱼岛主权的非法行径，我国政府采取积极有力措施，通过发表外交声明、对日严正交涉和向联合国提交反对照会等举措表示抗议，郑重宣示我国的一贯主张和原则立场，坚决捍卫我国的领土主权和海洋权益，切实维护我国公民的人身和财产安全。

我国通过国内立法明确规定钓鱼岛属于中国。1958 年，我国政府发表领海声明，宣布台湾及其周围各岛属于中国。针对日本自 20 世纪 70 年代以来对钓鱼岛所采取的种种侵权行为，我国于 1992 年颁布《中华人民共和国领海及毗连区法》，明确规定“台湾及其包括钓鱼岛在内的附属各岛”属于中国领土。2009 年颁布的《中华人民共和国海岛保护法》确立了海岛保护开发和管理制度，对海岛名称的确定和发布作了规定，据此，我国于 2012 年 3 月公布了钓鱼岛及其部分附属岛屿的标准名称。2012 年 9 月 10 日，我国政府发表声明，公布了钓鱼岛及其附属岛屿的领

2012 年 9 月 10 日，中国外交部发表声明，坚决反对和抗议日本政府宣布“购买”钓鱼岛及其附属岛屿的南小岛和北小岛，实施所谓“国有化”，指出日本政府的所谓“购岛”完全是非法的、无效的，丝毫改变不了中国对钓鱼岛及其附属岛屿的领土主权。

海基线。9 月 13 日，我国政府向联合国秘书长交存钓鱼岛及其附属岛屿领海基点基线的坐标表和海图。这样，我国完成了针对钓鱼岛主权的国内和国际的法律手段。9 月 25 日，国务院新闻办公室发布《钓鱼岛是中国的固有领土》白皮书，以权威而详尽的论据宣示我国对钓鱼岛及其附属岛屿的主权。

我国始终在钓鱼岛海域保持经常性的存在，并进行管辖。我国海监执法船在钓鱼岛海域坚持巡航执法，渔政执法船在钓鱼岛海域进行常态化执法巡航和护渔，维护该海域正常的渔业生产秩序。我国还通过发布天气和海洋观测预报等，对钓鱼岛及其附近海域实施管理。

一直以来，钓鱼岛问题受到港澳同胞、台湾同胞和海外侨胞的共同关注。钓鱼岛自古以来就是我国的固有领土，这是全体中华儿女的共同立场。中华民族在维护国家主权和领土完整问题上有着坚定的决心。两岸同胞在民族大义面前，在共同维护民族利益和尊严方面，立场是一致的。港澳台同胞和海内外广大华侨华人纷纷开展各种形式的活动，维护钓鱼岛领土主权，强烈表达了中华儿女的正义立场，向世界展示了中华民族爱好和平、维护国家主权、捍卫领土完整的决心和意志。

拓展延伸

我国发布《钓鱼岛是中国的固有领土》白皮书

2012 年 9 月 25 日，国务院新闻办公室发布《钓鱼岛是中国的固有领土》白皮书。白皮书分五个部分，对钓鱼岛是中国的固有领土、日本窃取钓鱼岛、美日对钓鱼岛私相授受非法无效、日本主张钓鱼岛主权毫无依据、中国为维护钓鱼岛主权进行坚决斗争等方面进行阐述，郑重宣示了中国对钓鱼岛问题的基本立场和政策主张。

《钓鱼岛是中国的固有领土》白皮书

第三节　南海形势

南海问题主要是南海岛礁主权争议和海域管辖权争夺问题。南海问题最初是我国与东南亚国家的争议，随着大国介入越来越深，南海形势变得越来越复杂，已经由当事双方逐步演变成了争端方与相关利益黏附方之间的多方博弈。南海问题是围绕海洋资源开发、海域交通要道控制以及地缘政治竞争等展开的综合实力竞争，已由单一的岛礁归属和领海管辖扩展到政治、经济、军事、外交等诸多领域。

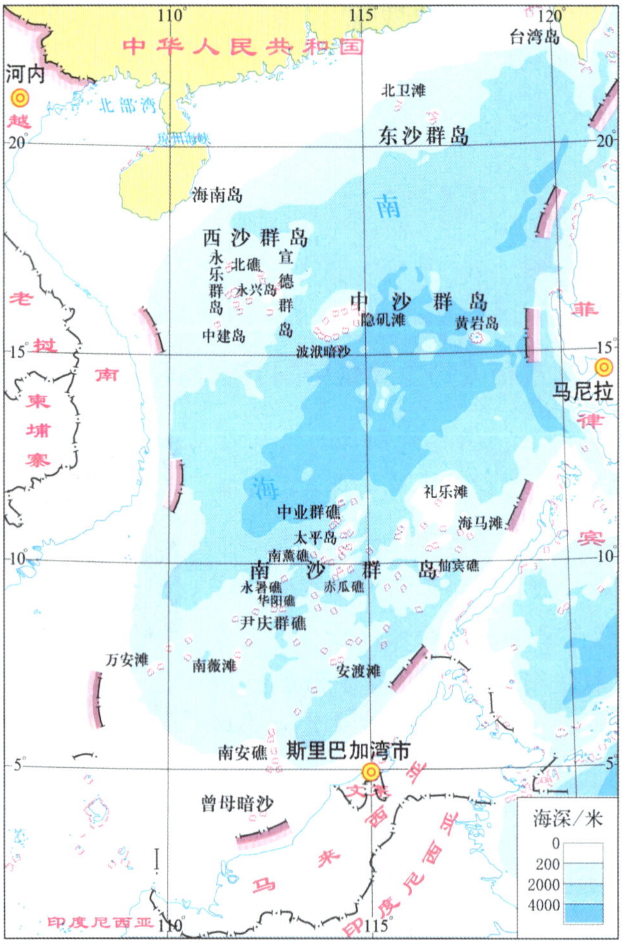

南海地图

南海问题缘起

南海位于中国大陆的南面，通过狭窄的海峡或水道，东与太平洋相连，西与印度洋相通，是一个东北—西南走向的半闭海。南海北靠中国大陆和台湾岛，南接加里曼丹岛和苏门答腊岛，东临菲律宾群岛，西接中南半岛和马来半岛，地理位置十分优越。而南海诸岛则像镶嵌在南海海面上的一颗颗璀璨明珠，是我国最南方的领土，包括东沙群岛、西沙群岛、中沙群岛和南沙群岛。这些群岛分别由数量不等、大小不一的岛、礁、滩、沙等组成。根据 1983 年中国地名委员会公布的《我国南海诸岛部分标准地名》，目前南海诸岛共定名 287 处，其中群岛 16 处，岛屿 35 处，沙洲 13 处，暗礁 113 处，暗沙 60 处，暗礁 31 处，石（岩）6 处，水道（门）13 处。

南海位于太平洋和印度洋之间，南海航道是东南亚和东亚众多国家的海上航运生命线，是世界上最繁忙的航道之一。南沙群岛的重要性尤为突出，所有通过南海的海上航线，基本上都要经过南沙群岛。途经南海海域的海运货物，占全球海上航运总量的 1/4；中、日、韩等国进口的石油，85% 以上要经过南海运输；美国从亚洲各国进口的各种重要原料，其中 90% 要经南海运输。因此，南海对于这些国家和地区的原料供应、产品运输至关重要。

20 世纪 50 年代开始，南海周边国家逐渐发现南海海域蕴藏着丰富的石油资源，这成为南海问题产生的重要原因。随着海洋资源对社会经济的发展越来越重要，越南、菲律宾、马来西亚等国纷纷采取军事手段，抢占西沙群岛、中沙群岛和南沙群岛部分岛礁，并在附近海域大规模开发海洋资源，同时还对相关岛礁提出主权要求。

1982 年《联合国海洋法公约》通过，其中第 56 条规定沿海国在专属经济区内有自主进行勘探和开发、养护和管理、建设人工设施、进行海洋科学研究以及保护和保全海洋环境等权利。但第 57 条又规定专属经济区从测算领海宽度的基线量起，不应超过 200 海里。随着《联合国海洋法公约》的通过，南海周边各国纷纷以公约中的这两条规定为依据，无视我国最早发现、命名和管理南海诸岛的事实，提出本国的专属经济区主张，私自将管辖范围扩展到南沙群岛，并公然采取行动，侵犯我国领土主权。

中国对南海问题的坚定立场

◎在南海的领土主权和海洋权益声明

20世纪70年代南海问题凸现后，面对岛礁被抢占、海域被分割、资源被掠夺的问题，我国政府采取果断的行动来维护领土主权和海洋权益。我国从未放弃对南海问题所涉及岛礁和海域的主权宣示，对越南、菲律宾等国侵犯我国权益的行为，我国政府始终表达鲜明的主权立场，以“主权属我、搁置争议、共同开发”为基本方针，积极将其贯彻在解决与他国的关系中。

我国通过加快国内立法工作，强化对岛礁和海域的主权。1992年2月25日，第七届全国人大常务委员会第二十四次会议通过了《中华人民共和国领海及毗连区法》。1996年5月15日，我国政府发表《中华人民共和国关于中华人民共和国领海基线的声明》。1998年6月26日，第九届全国人大常务委员会第三次会议通过了《中华人民共和国专属经济区和大陆架法》。此后，又修订和制定了一大批关于海洋的法律，我国已形成以《中华人民共和国领海及毗连区法》和《中华人民共和国专属经济区和大陆架法》为主要架构的法律体系，从法律上确立了我国对南海地区的主权。

针对某些别有用心的国家提出的“南海问题必须由东盟和中国解决”的论调，我国政府多次发表声明，明确指出南海问题不是中国和东盟之间的问题，只是中国与部分东盟国家的问题。东盟地区论坛是有关各国增进互信、加强合作的重要平台，不是讨论南海问题的适合场所。

中国海洋石油总公司旗下的“南海九号”石油钻井平台

近年来，我国加快了南海资源勘探和开发的步伐。我国的“南海九号”石油钻井平台在南海海域正式开钻，为深水大规模勘探、开发奠定基础的同时，更彰显了我国在南海的主权。另外，我国也加强了在南海诸岛及其附近海域的巡航工作，为渔业生产和资源开采提供安全的环境，并通过平等、和平谈判，积极解决海域争端。

三沙市与南海主权

设立地级三沙市有利于我国政府对南海地区施行有效的管理运作，在应对南海局势日益复杂化的今天，具有重大的战略与现实意义。

三沙市政府大楼

2012 年 6 月 21 日，中华人民共和国民政部发布《民政部关于国务院批准设立地级三沙市的公告》，撤销海南省西沙群岛、南沙群岛、中沙群岛办事处，设立地级三沙市，管辖西沙群岛、中沙群岛、南沙群岛的岛礁及其海域，三沙市人民政府驻西沙永兴岛。2020 年 4 月 18 日民政部发布公告，国务院于近日批准，海南省三沙市设立西沙区、南沙区。三沙市是我国最南端的城市，管辖海域和陆地总面积 200 多万平方千米，其中陆地面积 20 多平方千米，是我国陆地面积最小、管辖总面积最大、人口最少的城市。三沙市的行政管辖权，不仅包括我国的西沙群岛、南沙群岛和中沙群岛的岛礁等陆地领土，而且包括南海相关海域。根据《联合国海洋法公约》规定，岛屿能拥有领海、毗连区、专属经济区和大陆架。我国对南海诸岛拥有主权，自然拥有相应的海域权利。

三沙市政府驻地永兴岛

三沙市海洋资源丰富，生态环境优越，海域风光旖旎，发展潜力巨大。三沙市的战略位置十分重要，地处太平洋与印度洋之间的咽喉，是古代海上丝绸之路的必经之地，历来是我国人民开展贸易和生产活动的重要场所。

设市几年来，三沙市委、市政府深入贯彻落实中央的重要指示精神，在省委、省政府的领导下，牢固坚持“维权、维稳、保护、开发”八字方针，认真开展工作，政权建设、基础设施建设、生态环保、民生改善和军民融合发展不断取得突破性成效。

三沙市的成立在加强行政管辖能力、强化国土保护力度、推进立法执法工作、完善基础设施建设、大力发展海洋经济，以及实现海洋的可持续发展和维护海洋权益等方面将持续起到重要作用。

拓展延伸

南海断续线

南海断续线是我国对南海海域权益边界的一种画法。在我国版图上的南海海域中有条由九段断续线组成的“U”形线，通常称为“九段线”。

南海断续线的雏形最早出现于20世纪30年代。1935年出版的《中国南海各岛屿图》首次确定了我国最南疆域在北纬4°附近的曾母滩（1947年更名为曾母暗沙）。该地图后来被收入《中华建设新图》，其上用断续线标明了由南沙群岛（今中沙群岛）、西沙群岛、东沙群岛及团沙群岛（今南沙群岛）等组成的属于我国领土的南海岛屿。这是我国地图上最早出现的南海断续线，也就是九段线的雏形。中华民国政府以出版地图的方式，宣示了对南海诸岛的主权。

抗日战争胜利后，中华民国政府对南海诸岛进行了重新审定。在《南海诸岛位置图》中，原南沙群岛改名为中沙群岛、团沙群岛改名为南沙群岛。中华民国政府以命名的方式再次宣示了我国对南海诸岛的主权。